N° 66³.

8° F
28593

PENSIONS CIVILES

Volume mis à jour à la date du 19 mars 1923.

CHARLES-LAVAUZELLE & Cⁱᴱ

Éditeurs militaires

PARIS, Boulevard Saint-Germain, 124

LIMOGES, 62, Avenue Baudin | 53, Rue Stanislas, NANCY

PENSIONS CIVILES

Volume mis à jour à la date du 19 mars 1923.

CHARLES-LAVAUZELLE & CIE
Éditeurs militaires
PARIS, Boulevard Saint-Germain, 124
LIMOGES, 62, Avenue Baudin | 53, Rue Stanislas, NANCY

PENSIONS CIVILES

*Extrait du décret du 2 février 1808, sur les pensions
des employés du ministère de la guerre* (1).

. . . .

Art. 2. Les employés auront droit à une pension après trente
ans de services effectifs pour lesquels on comptera ceux dans
les autres administrations publiques au compte du gouverne
ment et ceux dans l'état militaire, mais sous la condition qu'il y
aura au moins dix ans de service dans les bureaux du ministère
de la guerre.

Art. 3. L'employé, âgé de 60 ans, justifiant de vingt-cinq ans
de service, dont dix ans dans les bureaux du ministère de la
guerre, et que des infirmités empêcheraient de les continuer,
sera traité comme s'il avait trente ans de service effectif.

Art. 4. Il pourra également être accordé une pension aux em-

---

(1) Pour certains employés de la direction des troupes coloniales venus
du ministère de la marine (art. 54 de la loi de finances du 31 mars 1903).

ployés qui compteraient moins de trente ans de service effectif
ou vingt-cinq ans de service et de 60 ans d'âge, mais qui
justifieraient de dix ans de service dans les bureaux du ministère ou de l'administration de la guerre, et qui ne pourraient
continuer l'exercice de leurs fonctions par suite d'une organisation nouvelle des bureaux ou par la suppression de leur
emploi (1).

Art. 5. La quotité de la pension sera déterminée sur une
année moyenne du traitement dont les réclamants auront joui
pendant les trois dernières années de leur service. Les gratifications qui leur auraient été accordées pendant ces trois
dernières années ne seront point comptées dans le traitement.

Art. 6. La pension à trente ans de service effectif, ou à
vingt-cinq ans de service et 60 ans d'âge, sera de la moitié de
la somme fixée en conséquence de l'article précédent. Elle
s'accroîtra d'un vingtième de cette moitié pour chaque année
de service effectif au delà de trente années, sans qu'elle puisse
s'élever au-dessus des deux tiers du traitement calculé comme
il est dit dans le précédent article ; mais, dans aucun cas, elle
ne pourra excéder la somme de 6.000 francs pour les chefs
de division, de 4.000 francs pour les chefs de bureau, de
3.000 francs pour les sous-chefs et de 2.000 francs pour les
employés.

Art. 7. La pension accordée dans les cas prévus par l'article 4
ci-dessus sera, pour dix ans de service, du sixième du traitement fixé conformément à l'article 5 ; elle s'accroîtra d'un
soixantième de ce traitement pour chaque année de service
effectif au delà de dix ans.

Art. 8. Dans le cas de réforme par suite d'organisation, de
suppression d'emploi ou d'infirmités, les employés qui n'auront pas dix ans de service dans les bureaux du ministère ou de
l'administration de la guerre, n'auront pas droit à une pension ;
mais ils recevront, sur la décision du Ministre, la totalité de la

---

(1) Cet article n'est pas applicable dans le cas d'infirmités (décision
impériale du 27 mai 1853, voir p. 6).

retenue qu'ils auront supportée, sans qu'il leur soit tenu compte des intérêts.

Art. 9. La veuve d'un employé ne peut prétendre à une pension qu'autant que son mari est mort dans l'exercice de son emploi, ou jouissant d'une pension de retraite sur les fonds de retenue ; qu'elle aura été mariée cinq ans avant la mort de l'employé décédé en activité, ou avant la retraite de l'employé décédé pensionnaire ; qu'elle n'aura point divorcé.

Art. 10. La pension de la veuve est du quart de la pension de retraite à laquelle son mari aurait eu droit ou dont il aura joui ; elle peut s'élever à la moitié de la pension si la veuve est âgée de 50 ans au moment du décès de son mari, ou s'il laisse à sa charge un ou plusieurs enfants au-dessous de l'âge de 18 ans.

Art. 11. Les deux tiers de la pension dont la veuve a joui jusqu'à sa mort sont réversibles à cette époque, à titre de secours annuel, aux enfants de son mariage avec l'employé décédé ; et, si l'employé est mort veuf, les orphelins qu'il laisse, quel que soit leur nombre, reçoivent également, à titre de secours annuel, les deux tiers de la pension à laquelle leur mère aurait eu droit si elle eût survécu à son mari.

Art. 12. Les enfants dont la mère aurait divorcé seront considérés et pensionnés comme orphelins.

Art. 13. Le secours annuel cesse d'être payé lorsque le plus jeune des orphelins a atteint l'âge de 18 ans.

. . . .

Art. 15. Tout employé destitué perd ses droits à la pension, quand même il aurait le temps de service exigé pour l'obtenir ; il ne peut même prétendre ni au remboursement des sommes retenues sur son traitement ni à aucune indemnité équivalente.

Art. 16. L'employé démissionnaire n'a droit de même à aucun remboursement ni à aucune indemnité des retenues qui lui ont été faites ; mais s'il était réadmis dans les bureaux par la suite, le temps de son premier service compterait pour la pension.

Art. 17. Les surnuméraires et les auxiliaires, ne comptant pas parmi les employés des bureaux du ministère et de l'administration de la guerre, ne sont assujettis à aucune retenue et n'ont droit à aucune pension de retraite.

. . . .

Décision impériale du 27 mai 1853, interprétative du décret du 2 février 1808 qui réglemente les pensions des fonctionnaires et employés du ministère de la guerre.

RAPPORT A L'EMPEREUR

Sire,

Des difficultés se sont élevées sur l'interprétation plus ou moins restrictive que comporte l'article 4 du décret impérial du 2 février 1808, qui réglemente les pensions des fonctionnaires et employés des bureaux de la guerre, notamment en ce qui concerne le droit à obtenir la pension proportionnelle après dix années de retenues, au compte de la caisse de retraite, pour l'employé réformé pour cause d'infirmités légalement constatées.

Divers comités et sections du Conseil d'Etat, appelés à se prononcer sur cette dernière question, ont émis des opinions contradictoires ; il devenait donc indispensable de fixer, par une décision souveraine, la portée de l'article 4 du règlement du 2 février 1808, et j'ai dû demander ainsi au Conseil d'Etat une interprétation sur la matière.

L'avis délibéré et adopté à cette occasion par le Conseil d'Etat dans sa séance du 31 mars dernier est ainsi conçu :

« Le Conseil d'Etat, qui a entendu le rapport de la Section de législation, justice et affaires étrangères du Conseil d'Etat, sur le renvoi qui lui a été fait par le Ministre de la guerre d'un projet de décret impérial par lequel, interprétant l'article 4 du décret du 2 février 1808, il serait décidé que :

« Le droit à une pension de retraite accordé par cet article 4 à tout employé de l'administration de la guerre réformé après dix ans de retenue par suite d'une organisation nouvelle des bureaux, ou par suppression d'emploi, est également applicable à l'employé desdits bureaux que des infirmités préalablement constatées mettent, après dix ans de service, dans l'impossibilité de remplir ses fonctions.

« Vu la note ci-jointe audit projet de décret et transmise à M. le Président du Conseil d'Etat par lettre de M. le Ministre de la guerre du 31 janvier 1853 ;

« Vu les articles 2, 3, 4, 6, 7 et 8 du décret impérial du 2 février 1808 ;

« Vu l'avis des sections réunies du Conseil d'Etat, guerre, *marine* et finances, en date du 13 décembre 1852 ;

« Considérant qu'après avoir fixé par ses articles 2 et 3 les conditions de la pension accordée aux employés au ministère de la guerre après trente ans de service effectif, ou après vingt-cinq ans de service effectif et 60 ans d'âge, réformés pour infirmités, le décret du 2 février 1808 n'a pas pu vouloir et n'a pas réellement voulu laisser sans rémunération par voie de pension les services rendus dans les années antérieures ;

« Qu'en effet, l'article 4 dispose qu'il pourra être également accordé une pension aux employés comptant moins de vingt-cinq ans de service et 60 ans d'âge, mais qui justifieraient de dix ans de service et ne pourraient continuer l'exercice de leurs fonctions par suite d'une organisation nouvelle des bureaux ou par la suppression de leur emploi ;

« Que, dans le premier cas, vingt-cinq ans de service et 60 ans d'âge, les articles 6 et 7 fixent la pension à la moitié du traitement, tandis qu'ils n'accordent au second, celui où l'employé ne réunit pas les vingt-cinq ans de service et les 60 ans d'âge, mais qui justifie de plus de dix ans de service dans les bureaux, que le sixième de ce même traitement ; d'où sort naturellement cette conséquence, qu'il a été dans l'intention du décret du 2 février 1808, de ne pas laisser sans rémunération les services rendus durant les quinze années qui ont précédé l'accomplissement de la vingt-cinquième et de n'admettre entre elles d'autre différence que celle qui doit résulter de la quotité de la pension ;

« Que cette intention est, d'ailleurs, rendue évidente par l'article 8 du même décret où, suivant jusqu'au bout l'échelle décroissante des services rendus par l'employé réformé, il dispose que : les employés réformés par suite d'organisation des bureaux, de suppression d'emploi, ou d'infirmités, qui n'auront pas dix ans de service, n'auront pas droit à une pension, mais qu'ils recevront, sur la décision du Ministre, la totalité de la retenue qu'ils auront supportée ;

« Que de ces mots : n'auront pas droit (avant dix ans de service) à une pension, sort évidemment la preuve qu'après ces dix ans et avant vingt-cinq, n'ayant plus droit à la restitution de la retenue par eux supportée, ils peuvent utilement demander la pension fixée par l'article 7 ;

« Considérant qu'on ne pourrait donner une autre interprétation aux dispositions du décret du 2 février 1808, sans commettre une injustice et tomber dans une contradiction inexplicable ;

« Qu'en effet, il ne serait ni juste ni raisonnable de supposer qu'il a eu l'intention de tout refuser, restitution de retenue aussi bien que pension, à l'employé que des infirmités obligent de se retirer après dix ans et moins de vingt-cinq ans de service effectif, au même moment où il autorisait l'employé de moins de dix ans de service à reprendre les retenues par lui subies ;

« Que ce serait une contradiction que rien ne pourrait expliquer, puisqu'il en résulterait que l'employé qui a moins de dix ans de service effectif serait mieux traité que celui qui en aurait de dix à vingt-cinq non encore accomplis,

« Est d'avis :

« Que les employés des bureaux de la guerre réformés pour cause d'infirmités après dix ans et moins de vingt-cinq ans de service ont droit à la même pension que celle concédée par le même décret aux employés réformés par suite d'organisation nouvelle ou de suppression d'emploi. »

Ces dispositions me paraissent conformes à l'esprit de l'article 4 du décret impérial du 2 février 1808, j'ai l'honneur de prier Votre Majesté de vouloir bien les consacrer définitivement pas sa sanction.

Le Maréchal de France,
Ministre Secrétaire d'Etat au Département
de la guerre,

Signé : A. DE SAINT-ARNAUD.

APPROUVÉ :

Signé : NAPOLÉON.

Loi sur les pensions civiles.

9 juin 1853.

Napoléon, par la grâce de Dieu et la volonté nationale, Empereur des Français, à tous présents et à venir, salut.

Avons sanctionné et sanctionnons, promulgué et promulguons ce qui suit :

LOI.

(EXTRAIT DU PROCÈS-VERBAL DU CORPS LÉGISLATIF.)

Le Corps législatif a adopté le projet de loi dont la teneur suit :

TITRE Iᵉʳ.

LIQUIDATION DES CAISSES DE RETRAITE SUPPRIMÉES.

Art. 1ᵉʳ. Les caisses de retraite désignées au tableau n° 1 seront supprimées à partir du 1ᵉʳ janvier 1854.

Leur actif sera acquis à l'État.

Art. 2. Seront inscrites au grand-livre de la dette publique, à partir de la même époque :

1° Les pensions existantes ou en cours de liquidation à la charge des caisses supprimées, pour services terminés avant le 1ᵉʳ janvier 1854 ;

2° Les pensions et indemnités concédées pour cause de réforme, en vertu de l'article 4 de la loi du 1ᵉʳ mai 1822 et du décret du 2 mai 1848 ;

3° Les pensions et les secours annuels qui seront concédés à titre de réversibilité aux veuves et aux orphelins des pensionnaires inscrits en vertu des deux paragraphes qui précèdent.

TITRE II.

CONDITIONS DU DROIT A PENSION POUR LES FONCTIONNAIRES QUI ENTRERONT EN EXERCICE A PARTIR DU 1ᵉʳ JANVIER 1854.

Art. 3. Les fonctionnaires et employés directement rétribués

Nota. — La loi du 9 juin 1853 n'est point applicable aux militaires réformés pour blessures ou infirmités contractées au cours de la guerre actuelle, qui seraient admis dans les administrations de l'Etat après l'âge de 30 ans (art. 15 de la loi du 30 avril 1920, *B. O.*, p. 1582 ; voir page 117.

par l'Etat (1), et nommés à partir du 1ᵉʳ janvier 1854, ont droit à pension conformément aux dispositions de la présente loi, et supportent indistinctement, sans pouvoir les répéter dans aucun cas, les retenues ci-après (2) :

1ᵘ Une retenue de cinq pour cent sur les sommes payées à titre de traitement fixe ou éventuel, de préciput, de supplément de traitement, de remises proportionnelles, de salaires, ou constituant, à tout autre titre, un émolument personnel ;

2° (3) Une retenue du douzième des mêmes rétributions à prélever par quart sur les premières mensualités, lors de la première nomination ou dans le cas de réintégration, et du douzième de toute augmentation ultérieure ;

3° Les retenues pour cause de congés et d'absences, ou par mesure disciplinaire.

Sont affranchies de ces retenues les commissions allouées en compte courant par le Trésor aux receveurs généraux des finances.

Ces comptables, les receveurs particuliers et les percepteurs des contributions directes, ainsi que les agents ressortissant au ministère des finances, qui sont rétribués par des salaires ou remises variables, supportent ces retenues sur les trois quarts seulement de leurs émoluments de toute nature, le dernier quart étant considéré comme indemnité de loyer et de frais de bureau.

----

(1) Les employés, ouvriers et agents civils qui ne remplissent pas ces conditions, notamment ceux des agents secondaires du ministère de la guerre visés à l'article 2 du décret du 30 avril 1907, comme n'obtenant pas pension dans les conditions de la loi du 9 juin 1853 (voir page 9), sont retraités par application du décret du 26 février 1897 (vol. 65).

Seuls des ouvriers civils relevant du ministère de la guerre, les ouvriers *immatriculés* des manufactures d'armes obtiennent des pensions d'après les dispositions de la loi militaire (vol. 66-1).

(2) Voir, page 96, l'article 47 de la loi du 26 juillet 1893 (professeurs de l'Ecole alsacienne); page 97, l'article 29 de la loi du 16 avril 1895 (commissaires de police autres que ceux du département de la Seine); page 98, l'article 40 de la loi du 28 décembre 1895 (fonctionnaires en congé, en non-activité ou en disponibilité); et, page 106, l'article 16 de la loi du 13 avril 1900 (employés non commissionnés des manufactures de l'Etat).

Par dérogation à l'article 3 de la loi du 9 juin 1853, les fonctionnaires et employés âgés de moins de vingt ans sont affranchis des retenues. Ceux en exercice lors de la promulgation de la présente loi bénéficieront de l'exemption à partir du premier du mois suivant et ils ne subiront ultérieurement la retenue du premier douzième que sous déduction des sommes déjà versées par eux à ce titre. (Article 6 de la loi du 30 décembre 1913.)

(3) Tel qu'il a été modifié par l'article 28 de la loi du 29 mars 1897. Voir, page 99, le décret du 28 juillet 1897 (mode de prélèvement des retenues).

Art. 4. Les fonctionnaires de l'enseignement, rétribués, en tout ou en partie, sur les fonds départementaux et communaux, ou sur le prix des pensions payées par les élèves des lycées nationaux, ont droit à pension conformément aux dispositions de la présente loi, et supportent, sur leur traitement et leurs différentes rétributions, la retenue déterminée par l'article 3.

La même disposition est applicable aux fonctionnaires et employés attachés à l'administration de la dotation de la couronne, et rétribués sur les fonds de la liste civile.

Il en est de même des fonctionnaires et employés qui, sans cesser d'appartenir au cadre permanent d'une administration publique, et en conservant leurs droits à l'avancement hiérarchique, sont rétribués, en tout ou en partie, sur les fonds départementaux ou communaux, sur les fonds des compagnies concessionnaires, et même sur les remises et salaires payés par les particuliers.

Art. 5. Le droit à la pension de retraite est acquis par ancienneté à 60 ans d'âge et après trente ans accomplis de service.

Il suffit de 55 ans d'âge et de vingt-cinq ans de service pour les fonctionnaires qui ont passé quinze ans dans la partie active (1).

La partie active comprend les emplois et grades indiqués au tableau annexé à la présente loi sous le n° 2.

Aucun autre emploi ne peut être compris au service actif, ni assimilé à un emploi de ce service, qu'en vertu d'une loi.

Est dispensé de la condition d'âge établie aux deux premiers paragraphes du présent article le titulaire qui est reconnu par le Ministre hors d'état de continuer ses fonctions.

Art. 6. La pension est basée sur la moyenne des traitements et émoluments de toute nature soumis à retenues dont l'ayant droit a joui pendant les six dernières années d'exercice (2).

Néanmoins, dans les cas prévus par l'article 4, la moyenne ne pourra excéder celle des traitements et émoluments dont le fonctionnaire aurait joui s'il eût été rétribué directement par l'État.

Art. 7. La pension est réglée à raison :

De 1/60ᵉ du traitement moyen pour chaque année de services rendus dans la partie sédentaire;

De 1/50ᵉ du même traitement pour chaque année passée dans la partie active (3).

---

(1) Voir, page 120, l'article 28 de la loi du 31 décembre 1920 (*B. O.*, p. 4907).

(2) Voir, page 110, l'article 16 de la loi du 30 avril 1920.

(3) Nouveau texte. (Loi du 30 décembre 1913. (Voir page 110.)

En aucun cas, elle ne peut excéder ni les trois quarts du traitement moyen, ni les maxima déterminés au tableau annexé à la présente loi sous le n° 3.

Art. 8. Les services dans les armées de terre et de mer concourent, avec les services civils, pour établir le droit à pension, pourvu que la durée de ces derniers soit au moins de douze ans dans la partie sédentaire ou de dix ans dans la partie active.

Si les services militaires ont été déjà rémunérés par une pension du régime des lois des 11 ou 18 avril 1831, ils ne servent qu'à constituer le droit à pension civile pour leur durée effective et n'entrent pas dans le calcul de la liquidation. S'ils n'ont pas été rémunérés par une pension militaire, il en est fait état, au gré de l'intéressé, soit conformément à la législation sur les pensions militaires, soit conformément à la présente loi.

La liquidation militaire s'opère conformément au tarif en vigueur au moment où le fonctionnaire a été admis à la retraite.

La liquidation civile est effectuée à raison de 1/50ᵉ ou de 1/60ᵉ du traitement moyen par année de service, suivant que l'intéressé a servi dans la partie active ou dans la partie sédentaire. Pour les fonctionnaires à carrière mixte, les services militaires sont liquidés comme actifs ou comme sédentaires, suivant que la plus grande partie de la carrière a été accomplie dans le cadre actif ou dans le cadre sédentaire (1).

Art. 9. Les services des employés des préfectures et des sous-préfectures rétribués sur les fonds d'abonnement sont réunis, pour l'établissement du droit à pension et pour la liquidation, aux services rémunérés conformément aux dispositions de la présente loi, pourvu que la durée de ces derniers services soit au moins de douze ans dans la partie sédentaire et de dix ans dans la partie active.

Art. 10. Les services civils rendus hors d'Europe par les fonctionnaires et employés envoyés d'Europe par le gouvernement français sont comptés pour moitié en sus de leur durée effective, sans toutefois que cette bonification puisse réduire de plus d'un cinquième le temps de service effectif exigé pour constituer le droit à pension.

Le supplément accordé à titre de traitement colonial n'entre pas dans le calcul du traitement moyen.

Après quinze années de services rendus hors d'Europe, la pension peut être liquidée à 55 ans d'âge.

A l'égard des agents extérieurs du Département des affaires

-----

(1) Nouveau texte. (Loi du 30 décembre 1913.)

étrangères et des fonctionnaires de l'enseignement, le temps d'inactivité durant lequel ils ont été assujettis à la retenue est compté comme service effectif; mais il ne peut être admis dans la liquidation pour plus de cinq ans.

Art. 11. Peuvent exceptionnellement obtenir pension, quels que soient leur âge et la durée de leur activité (1) :

1° Les fonctionnaires et employés qui auront été mis hors d'état de continuer leur service, soit par suite d'un acte de dévouement dans un intérêt public, ou en exposant leurs jours pour sauver la vie d'un de leurs concitoyens, soit par suite de lutte ou combat soutenu dans l'exercice de leurs fonctions (1);

2° Ceux qu'un accident grave, résultant notoirement de l'exercice de leurs fonctions, met dans l'impossibilité de les continuer.

Peuvent également obtenir pension, s'ils comptent 50 ans d'âge et vingt ans de service dans la partie sédentaire, ou 45 ans d'âge et quinze ans de service dans la partie active, ceux que des infirmités graves, résultant de l'exercice de leurs fonctions, mettent dans l'impossibilité de les continuer, ou dont l'emploi aura été supprimé.

Peuvent aussi obtenir pension les magistrats mis à la retraite en vertu du décret du 1er mars 1852, qui remplissent la condition de services indiquée dans le paragraphe qui précède.

Les suppressions d'emploi donnant lieu à pension par application du présent article sont signalées aux Chambres par un tableau annexé au plus prochain projet de budget (2).

Art. 12. Dans les cas prévus par le paragraphe 1° de l'article précédent, la pension est de la moitié du dernier traitement, sans pouvoir excéder les maxima déterminés au tableau n° 3.

Dans le cas prévu par le paragraphe 2°, la pension est liquidée d'après la règle posée à l'article 7, mais sur la base du dernier traitement d'activité; elle ne peut être inférieure au sixième dudit traitement.

Dans les cas prévus par les deux derniers paragraphes de l'article précédent, la pension est liquidée d'après la règle posée à l'article 7 (3).

Toutefois, le régime actuellement en vigueur sera maintenu transitoirement à l'égard des agents comptant vingt-cinq ans de services dans la partie active, lors de la promulgation de la présente loi (3).

---

(1) Voir, page 120, l'article 16 de la loi du 30 avril 1920.
(2) Article 55 de la loi du 30 janvier 1907, voir page 107.
(3) Nouveau texte. (Loi du 30 décembre 1913.)

Art. 13 (1). A droit à pension la veuve du fonctionnaire qui a obtenu une pension de retraite en vertu de la présente loi, ou qui a accompli la durée de service exigée par l'article 5, pourvu que le mariage ait été contracté six ans avant la cessation des fonctions du mari.

La pension de la veuve est du tiers de celle que le mari avait obtenue ou à laquelle il aurait eu droit. Elle ne peut être inférieure à cent francs, sans, toutefois, excéder celle que le mari aurait obtenue ou pu obtenir.

Le droit à pension n'existe pas pour la veuve dans le cas de séparation de corps prononcée sur la demande du mari.

Art. 14. Ont droit à pension :

1° La veuve du fonctionnaire ou employé qui, dans l'exercice ou à l'occasion de ses fonctions, a perdu la vie dans un naufrage ou dans un des cas spécifiés au paragraphe 1° de l'article 11, soit immédiatement, soit par suite de l'événement ;

2° La veuve dont le mari aurait perdu la vie par un des accidents prévus au paragraphe 2° de l'article 11, ou par suite de cet accident.

Dans le premier cas, la pension est des deux tiers de celle que le mari aurait obtenue ou pu obtenir par application de l'article 12 (§ 1er).

Dans le second cas, la pension est du tiers de celle que le mari aurait obtenue ou pu obtenir en vertu dudit article (§ 2).

Dans les cas spécifiés au présent article, il suffit que le mariage ait été contracté antérieurement à l'événement qui a amené la mort ou la mise à la retraite du mari.

Art. 15 (2). Dans le cas où un employé, ayant servi alternativement dans la partie active et dans la partie sédentaire, décède avant d'avoir accompli les trente années de service exigées pour constituer le droit à pension de sa veuve, un cinquième de son temps de service dans la partie active est ajouté fictivement en sus du service effectif pour compléter les trente années nécessaires. La liquidation ne s'opère, néanmoins, que sur la durée effective des services.

---

(1) Modifié par l'article 44 de la loi de finances du 13 avril 1898.
(2) Modifié par l'article 44 de la loi de finances du 13 avril 1898 et l'article 5 de la loi du 30 décembre 1913 (voir page 110)

Art. 16 (1). L'orphelin ou les orphelins mineurs d'un fonctionnaire ou employé ayant obtenu la pension, ou ayant accompli la durée de service exigée par l'article 5 de la présente loi, ou ayant perdu la vie dans un des cas prévus par les paragraphes 1° et 2° de l'article 14, ont droit à un secours annuel lorsque la mère est ou décédée, ou inhabile à recueillir la pension, ou déchue de ses droits.

Ce secours est, quel que soit le nombre des enfants, égal à la pension que la mère aurait obtenue ou pu obtenir conformément aux articles 13, 14 et 15. Il est partagé entre eux par égales portions, et payé jusqu'à ce que le plus jeune des enfants ait atteint l'âge de vingt et un ans accomplis, la part de ceux qui décéderaient ou celle des majeurs faisant retour aux mineurs.

S'il existe une veuve et un ou plusieurs orphelins mineurs provenant d'un mariage antérieur du fonctionnaire, il est prélevé sur la pension de la veuve, et sauf réversibilité en sa faveur, un quart au profit de l'orphelin de premier lit, s'il n'en existe qu'un en âge de minorité, et la moitié, s'il en existe plusieurs.

Art. 17. Les pensions et secours annuels, qui seront accordés conformément aux dispositions du présent titre, sont inscrits au grand-livre de la dette publique.

TITRE III.

DISPOSITIONS TRANSITOIRES APPLICABLES AUX FONCTIONNAIRES ET EMPLOYÉS EN EXERCICE AU 1ᵉʳ JANVIER 1854.

Art. 18. Les fonctionnaires et employés en exercice au 1ᵉʳ janvier 1854 sont soumis aux retenues déterminées par l'article 3, et sont retraités d'après les règles ci-après :

Ceux qui étaient tributaires de caisses de retraite supprimées et ceux qui obtenaient pension sur fonds généraux sont liquidés dans les proportions et aux conditions réglées par la présente loi pour leurs services postérieurs au 1ᵉʳ janvier 1854 ; et pour les services antérieurs, conformément, soit aux règlements spéciaux, soit aux

---

(1) Modifié par l'article 44 de la loi de finances du 13 avril 1898 et l'article 5 de la loi du 30 décembre 1913.

loi et décret des 22 août 1790 et 13 septembre 1806, qui régis-
saient respectivement leur situation, sans que les maxima déterminés par la présente loi puissent être dépassés.

Toutefois, les pensions des fonctionnaires et employés qui, au
1er janvier 1854, auront accompli la durée de service exigée par
les règlements spéciaux, loi et décret précités, sont liquidées conformément à ces règlements, loi ou décret.

Les magistrats nommés avant le 1er janvier 1854, et mis à la
retraite en vertu du décret du 1er mars 1852, auront droit à pension après quinze ans de service.

Les fonctionnaires et employés qui, antérieurement, ne subissaient pas de retenues et n'étaient pas placés sous le régime des loi
et décret des 22 août 1790 et 13 septembre 1806, sont admis à faire
valoir la totalité de leurs services admissibles pour constituer le
droit à pension; toutefois, cette pension n'est liquidée que pour le
temps pendant lequel ces fonctionnaires auront subi la retenue,
et n'est réglée qu'en raison d'un cent vingtième du traitement
moyen par chaque année de service civil; mais le montant de
la pension ainsi fixé est alors augmenté d'un trentième pour
chacune des années liquidées; cette base exceptionnelle cesse
lorsque le titulaire se trouve dans les conditions voulues par l'article 5.

TITRE IV.

DISPOSITIONS D'ORDRE ET DE COMPTABILITÉ.

Art. 19. Aucune pension n'est liquidée qu'autant que le fonctionnaire aura été préalablement admis à faire valoir ses droits
à la retraite par le Ministre au département duquel il ressortit.

Art. 20. Il ne peut être concédé annuellement de pension, en
vertu de la présente loi, que dans la limite des extinctions réalisées sur les pensions inscrites. Dans le cas, toutefois, où cette
limite devrait être dépassée, par suite de l'accroissement de liquidation auquel donneront lieu les nouvelles catégories de fonctionnaires soumis à la retenue et appelés à la pension par l'article 3,
l'augmentation de crédit nécessaire sera l'objet d'une loi spéciale.

Art. 21. Il sera rendu compte annuellement, lors de la présentation de la loi du budget, des pensions de retraites concédées et inscrites en vertu de la présente loi, en distinguant les charges antérieures et celles postérieures au 1ᵉʳ janvier 1854.

Art. 22 (1). Toute demande de pension est adressée au Ministre du département auquel appartient le fonctionnaire. Cette demande doit, à peine de déchéance, être présentée avec les pièces à l'appui dans le délai de cinq ans à partir de la promulgation de la présente loi, pour les droits ouverts antérieurement, et, pour les droits qui s'ouvriront postérieurement, à partir, savoir : pour le titulaire, du jour où il aura été admis à faire valoir ses droits à la retraite ou du jour de la cessation de ses fonctions, s'il a été autorisé à les continuer après cette admission ; et, pour la veuve, du jour du décès du fonctionnaire.

Les demandes de secours annuels pour les orphelins doivent être présentées dans le même délai à partir de la promulgation de la présente loi, ou du jour du décès de leur père ou de celui de leur mère.

Art. 23 (2). Les pensions sont liquidées d'après la durée des services, en négligeant sur le résultat final du décompte les fractions de mois et de franc.

Les services civils ne sont comptés que de la date du premier traitement d'activité, et à partir de l'âge de 20 ans accomplis. Le temps de surnumérariat n'est compté dans aucun cas.

.**Art. 24 (1).** La liquidation est faite par le Ministre compétent, qui la soumet à l'examen du Conseil d'Etat avec l'avis du Ministre des finances.

Le décret de concession est rendu sur la proposition du Ministre compétent. Il est contresigné par lui et par le Ministre des finances.

Il est inséré au *Bulletin des lois.*

Art. 25. La jouissance de la pension commence du jour de la cessation du traitement, ou du lendemain du décès du fonctionnaire ; celle du secours annuel, du lendemain du décès du fonctionnaire ou du décès de la veuve (3).

---

(1) Voir, page 108, la loi du 22 juillet 1909.
(2) Voir, page 109, la loi du 8 avril 1910.
(3) Le deuxième paragraphe a été abrogé et remplacé par l'article 40 de la loi du 16 avril 1895 (voir page 97).

Art. 26. Les pensions sont incessibles. Aucune saisie ou retenue ne peut être opérée, du vivant du pensionnaire, que jusqu'à concurrence d'un cinquième pour débet envers l'Etat, ou pour des créances privilégiées, aux termes de l'article 2101 du code Napoléon, et d'un tiers dans les circonstances prévues par les articles 203, 205, 206, 207 et 214 du même code.

Art. 27. Tout fonctionnaire ou employé démissionnaire, destitué, révoqué d'emploi, perd ses droits à la pension. S'il est remis en activité, son premier service lui est compté.

Celui qui est constitué en déficit pour détournement de deniers ou de matières, ou convaincu de malversation, perd ses droits à la pension, lors même qu'elle aurait été liquidée ou inscrite.

La même disposition est applicable au fonctionnaire convaincu de s'être démis de son emploi à prix d'argent, et à celui qui aura été condamné à une peine afflictive ou infamante. Dans ce dernier cas, s'il y a réhabilitation, les droits à la pension seront rétablis.

Art. 28. Lorsqu'un pensionnaire est remis en activité dans le même service, le paiement de sa pension est suspendu.
Lorsqu'il est remis en activité dans un service différent, il ne peut cumuler sa pension et son traitement que jusqu'à concurrence de 1.500 francs.

Après la cessation de ses fonctions, il peut rentrer en jouissance de son ancienne pension, ou obtenir, s'il y a lieu, une nouvelle liquidation basée sur la généralité de ses services.

Art. 29. Le droit à l'obtention ou à la jouissance d'une pension est suspendu par les circonstances qui font perdre la qualité de Français, durant la privation de cette qualité.

La liquidation ou le rétablissement de la pension ne peut donner lieu à aucun rappel pour les arrérages antérieurs.

TITRE V.

DISPOSITIONS APPLICABLES AUX PENSIONS DE TOUTE NATURE.

Art. 30. Les pensions et secours annuels sont payés par trimestre ; ils sont rayés des livres du Trésor après trois ans de non-réclamation, sans que leur rétablissement donne lieu à aucun rappel d'arrérages antérieurs à la rclamation.

La même déchéance est applicable aux héritiers ou ayants cause des pensionnaires qui n'auront pas produit la justfication de leurs droits dans les trois ans qui suivront la date du décès le leur auteur.

Art. 31. Le cumul de deux pensions est autorisé dans la limite de six mille francs (1), pourvu qu'il n'y ait pas double emploi dans les années de service présentées pour la liquidation.

La disposition qui précède n'est pas applicable aux pensions . que des lois spéciales ont affranchies des prohibitions du cumul.

TITRE VI.

Art. 32. Les dispositions de la loi du 22 août 1790 et du décret du 13 septembre 1806 continueront à être appliquées :   .

Aux Ministres secrétaires d'Etal ;

Aux Sous-Secrétaires d'Etat;

Aux membres du Conseil d'Etat;

Aux préfets et sous-préfets.

Art. 33. Lorsqu'un fonctionnaire aura passé d'un service sujet à retenue dans un service qui en est affranchi, ou réciproquement, la pension est liquidée d'après la loi qui régit son dernier service, à moins qu'il n'ait accompli dans le premier service les conditions d'âge et de durée de fonctions exigées.

Dans ce dernier cas, le fonctionnaire a le droit de choisir le mode de liquidation de sa pension.

Art. 34. Les dispositions des articles 19, 22, 23, 24, 25, 26, 27, 28, 29, 30 et 31 de la présente loi sont applicables aux fonctionnaires dont la pension est liquidée conformément à la loi du 22 août 1790 et au décret du 13 septembre 1806.

Art. 35. Un règlement d'administration publique déterminera :

1° La portion des rétributions diverses qui peut être affranchie de la retenue mentionnée au paragraphe 1° de l'article 3;

2° La fixation des retenues mentionnées au paragraphe 3° du même article et des prélèvements autorisés sur les amendes et

---

(1) Limitée portée à 10.000 francs (art. 76 de la loi du 31 juillet 1920, B. O, p. 2891).

confiscations en matière de douanes, de contributions indirectes et de postes ;

3° Les formes à suivre pour déclarer l'incapacité du fonctionnaire dans le cas prévu par le dernier paragraphe de l'article 5 ;

4° Les formes et les délais dans lesquels seront justifiées les causes, la nature et les suites des blessures ou infirmités pouvant donner droit à pension ;

5° Le mode de constatation des circonstances de nature à ouvrir les droits aux veuves dans les cas prévus par les paragraphes 1° et 2° de l'article 14 ;

6° Les formes suivant lesquelles le fonctionnaire pourra être privé de sa pension dans les cas prévus par l'article 27 ;

7° Celles suivant lesquelles aura lieu, entre les divers départements ministériels, la répartition du crédit alloué chaque année pour le service des pensions.

Ce règlement déterminera, en outre, les autres mesures propres à assurer l'exécution de la présente loi.

Art. 36. Sont abrogés : la loi du 15 germinal an XI, l'arrêté du 15 floréal an XI, le premier paragraphe de l'article 27 de la loi du 25 mars 1817, le premier paragraphe de l'article 13 de la loi du 15 mai 1818, et l'article 31 de la loi du 19 mai 1849, ainsi que les dispositions des lois, décrets, ordonnances ou règlements qui seraient contraires à la présente loi.

Délibéré en séance publique, à Paris, le 16 mai 1853.

Le Président, Signé : Billault.

Les Secrétaires, -

Signé : Ed. Dalloz, baron Eschassériaux, Henry Dugas.

Extrait du procès-verbal du Sénat.

Le Sénat ne s'oppose pas à la promulgation de la loi relative aux pensions civiles.

Délibéré en séance, au palais du Sénat, le 1er juin 1853.

Le Président, Signé : Troplong.

Les Secrétaires, Signé : Comte de La Riboisière, A. Thayer,

Baron T. de Lacrosse.

Vu et scellé du sceau du Sénat :

Signé : Baron T. de Lacrosse.

Mandons et ordonnons que les présentes, revêtues du sceau de l'Etat, et insérées au *Bulletin des lois*, soient adressées aux cours, aux tribunaux et aux autorités administratives, pour qu'ils les inscrivent sur leurs registres, les observent et les fassent observer, et notre Ministre Secrétaire d'Etat au Département de la justice est chargé d'en surveiller la publication.

Fait au palais de Saint-Cloud, le 9 juin 1853.

Signé : NAPOLÉON.

Vu et scellé du grand sceau :

Le Garde des sceaux, Ministre Secrétaire d'État au Département de la justice,
Signé : ABBATUCCI.

Par l'Empereur:

Le Ministre d'État,
Signé ; ACHILLE FOULD.

N° 1er *TABLEAU des caisses de retraite supprimées à partir du 12 janvier 1854.*

(Annexe de l'article 1er de la loi du 9 juin 1853.)

DÉPARTEMENTS MINISTÉRIELS.	Nombre de caisses de retraite supprimées.	DÉSIGNATION DES CAISSES DE RETRAITE SUPPRIMÉES.
Ministère d'Etat.	1	Caisse de retraite des employés de la Légion d'honneur.
Justice............	1	Caisse de retraite de la magistrature, des bureaux du ministère et du Conseil d'Etat.
Affaires étrangères.	1	Caisse de retraite du ministère des affaires étrangères.
Instruction publique et cultes.	3	Caisse de retraite des fonctionnaires et professeurs de l'Université et des employés du ministère. Caisse de retraite des fonctionnaires et des principaux et régents des collèges communaux. Caisse de retraite des employés des bureaux des cultes.
Intérieur, agriculture et commerce, et police générale.	7	Caisse de retraite des employés des ministères de l'intérieur, de l'agriculture et du commerce et de la police générale. Caisse de retraite des professeurs et employés du Conservatoire national de musique. Caisse de retraite des employés du service des prisons. Caisse de retraite des employés des haras, dépôts d'étalons et écoles vétérinaires. Caisse de retraite des vérificateurs et employés du service des poids et mesures. Caisse de retraite des professeurs et employés des écoles d'arts et métiers. Caisse de retraite des agents de l'intendance sanitaire de Marseille.
Travaux publics....	1	Caisse de retraite des fonctionnaires et employés des ponts et chaussées et des mines.
Guerre..........	5	Caisse de retraite des employés des bureaux du ministère de la guerre et des commis entretenus pour le service des bureaux de l'intendance militaire. Caisse de retraite des écoles militaires. Caisse de retraite des poudres et salpêtres. Caisse de retraite des écoles d'artillerie et du génie et des contrôleurs et reviseurs d'armes. Caisse de retraite de l'Ecole polytechnique.
Ministères d'Etat et de la Maison de l'Empereur, et des finances.	6	Caisse générale des pensions de retraite des fonctionnaires et employés des ministères d'Etat et de la Maison de l'Empereur, et des finances (*Ordonn. du 12 janv. 1825 et décrets des 24 nov. et 31 déc. 1852*). Caisse de retraite des greffes et archives de la Cour des comptes. Caisse de retraite des caisses d'amortissement et des dépôts et consignations. Caisse de retraite des courriers des postes. Caisse de retraite des employés de l'ancienne Chambre des Pairs.
	25	

TABLEAU

DES EMPLOIS DU SERVICE ACTIF

N° 2.

TABLEAU des emplois

(Annexe de l'article 5 de

INTÉRIEUR.	AGRICULTURE.	DOUANES.	CONTRIBUTIONS INDIRECTES ET TABACS.
Gardiens et surveillants de l'administration pénitentiaire.	Brigadiers chefs, brigadiers, palefreniers du haras.	Capitaines de brigade. Lieutenants d'embarcation. Lieutenants de 1re classe. Lieutenants de 2e classe. Lieutenants de 3e classe. Brigadiers à cheval et à pied. Sous-brigadiers à cheval et à pied. Cavaliers et préposés d'ordonnance. Préposés. Patrons et sous-patrons. Matelots. Mousses. Préposés gardes-magasins. Préposés concierges. Préposés emballeurs. Préposés peseurs et plombeurs.	SERVICE GÉNÉRAL. Inspecteurs. Sous-inspecteurs. Contrôleurs de ville. Contrôleurs receveurs à cheval et à pied. Receveurs ambulants à cheval et à pied. Commis adjoints à cheval et à pied. Commis aux exercices NAVIGATION. Commis adjoints à pied. Commis à pied. GARANTIE. Contrôleurs. Sous-contrôleur. Commis aux exercices. CULTURE DES TABACS. Inspecteurs. Sous-inspecteurs. Contrôleurs. Commis. OCTROIS. Préposés en chef.

(1) Complété selon les prescriptions de l'article 45 de la loi de finances du 13 avril 1898.

du service actif (1).

la loi du 9 juin 1853.)

FORÊTS DE L'ÉTAT et DE LA COURONNE.	POSTES ET TÉLÉGRAPHES.	GUERRE.	ALGÉRIE.
Gardes généraux adjoints. Gardes à cheval. Brigadiers. Gardes à pied. Gardes forestiers cantonniers.	Courriers et postulants courriers. Facteurs de ville. Brigadiers et sous-brigadiers facteurs ruraux. Facteurs ruraux. Facteurs locaux. Chargeurs de malles. Chefs de brigade, commis et sous-agents des bureaux ambulants. Agents embarqués des services maritimes postaux. Facteurs et surveillants des télégraphes et facteurs téléphonistes.	Ouvriers principaux, chefs ouvriers, brigadiers et poudriers employés dans le service des poudres et salpêtres.	Administrateurs et adjoints des communes mixtes. Répartiteurs des contributions directes. Agents du service topographique opérant sur le terrain. Médecins de colonisation.

Suite du tableau n° 2.

(Loi du 17 août 1876.)

Les inspecteurs de l'enseignement primaire, les directeurs et les directrices, les maîtres adjoints et les maîtresses adjointes des écoles normales primaires; les instituteurs communaux et les institutrices communales, titulaires ou adjoints; les directrices de salles d'asile communales.

(Loi du 13 avril 1898.)

Ministère de l'intérieur. — Gardiens et surveillants de l'administration pénitentiaire.

Service des postes et des télégraphes. — Chefs de brigade, commis et sous-agents des bureaux ambulants; agents embarqués des services maritimes postaux; facteurs et surveillants des télégraphes et facteurs téléphonistes.

Ministère de l'agriculture. — Brigadiers chefs, brigadiers, palefreniers des haras.

Ministère de la guerre. — Ouvriers principaux, chefs ouvriers, brigadiers et poudriers employés dans le service des poudres et salpêtres.

Service de l'Algérie. — Administrateurs et adjoints des communes mixtes; répartiteurs des contributions directes; agents du service topographique opérant sur le terrain; médecins de colonisation.

Les fonctionnaires et employés désignés ci-dessus ne peuvent bénéficier cumulativement, dans la liquidation de leur pension, des avantages réservés aux emplois du service actif et de la bonification coloniale accordée par l'article 10 de la loi du 9 juin 1893.

(Loi du 30 décembre 1913.)

1° Les directeurs, directrices, professeurs, maîtres adjoints et maîtresses adjointes des écoles pratiques de commerce et d'industrie;

2° Le directeur, les professeurs de théorie, les chefs et sous-chefs d'atelier de l'Ecole nationale d'horlogerie de Cluses;

3° Les contrôleurs du travail des agents de chemins de fer;

4° Les commis des postes et des télégraphes du bureau flottant du Havre à New-York;

5° Les inspecteurs de police spéciale;

6° Les agents du service des poids et mesures.

N° 3.   *TABLEAU des maxima des pensions.*
(Annexe de l'art. 7 de la loi du 9 juin 1853.)

DÉSIGNATION DES FONCTIONS. GRADES ET QUOTITÉ DES TRAITEMENTS.	MAXIMUM DES PENSIONS.
	fr.
Ire SECTION. — AGENTS DIPLOMATIQUES ET CONSULAIRES.	
Ambassadeurs....................................	12.000
Ministres plénipotentiaires de 1re classe....................	10.000
Ministres plénipotentiaires de 2° classe, et directeur des travaux politiques...........................	8.000
Chargés d'affaires en titre........................	6.000
Premiers secrétaires d'ambassade ou de légation de 1re classe, et sous-directeurs des travaux politiques.....................	5.000
Tous autres secrétaires d'ambassade ou de légation...............	4.000
Consuls généraux................................	6.000
Consuls de 1re classe............................	5.000
Consuls de 2° classe.............................	4.000
Premier drogman et secrétaire interprète à Constantinople............	5.000
Second drogman à la même résidence et premiers drogmans des consulats généraux............................	3.000
Tous autres drogmans, chanceliers d'ambassade ou de légation...........	2.400
Chanceliers des consulats généraux....................	2.400
Agents consulaires (vice-consuls), Français de nation et rétribués directement sur le Trésor, au moyen d'une allocation ordonnancée en leur nom......................................	2.000
Chanceliers de consulat...........................	1.800
II° SECTION (1).	
Magistrats de l'ordre judiciaire et de la Cour des comptes, fonctionnaires de l'enseignement et ingénieurs des ponts et chaussées et des mines ...	2/3 du traitement moyen, sans pouvoir dépasser 6.000 fr.
III° SECTION.	
Fonctionnaires et employés des administrations centrales et du service intérieur des différents ministères. Agents et préposés de toutes classes autres que ceux compris dans les deux sections ci-dessus.	
Traitements de 1.001 à 8.000 francs................	2/3 du traitement moyen sans pouvoir descendre au-dessous de 750 fr. ni dépasser 4.000 f.
Traitements de 8.001 à 12.000 francs...............	1/2 du traitement moyen.
Traitements au-dessus de 12.000 francs..............	6.000
Ces dispositions s'appliquent aux fonctionnaires et agents à salaires et remises (2).	
FONCTIONNAIRES ET AGENTS A SALAIRES ET REMISES.	
Conservateurs des hypothèques et receveurs de l'enregistrement et du timbre de 1re classe........................	3.000
Conservateurs des hypothèques et receveurs de l'enregistrement et du timbre de 2° classe........................	2.000
Courriers et postulants courriers des postes................	1.200

(1) Certains employés du service des poudres ont été classés dans la II° section. (Voir article 45 de la loi de finances du 30 mars 1902.)
(2) Texte nouveau. (Loi du 30 décembre 1913)

Décret du 9 novembre 1853 portant règlement d'administration publique pour l'exécution de la loi du 9 juin 1853 sur les pensions civiles.

Napoléon, par la grâce de Dieu et la volonté nationale Empereur des Français, à tous présents et à venir, salut :

Sur le rapport de notre Ministre Secrétaire d'État au Département des finances ;

Vu la loi du 9 juin 1853 ;

Notre Conseil d'Etat entendu,

Avons décrété et décrétons ce qui suit :

TITRE Ier.

SUPPRESSION DES CAISSES DE RETRAITE ET INSCRIPTION DES PENSIONS AU GRAND-LIVRE DE LA DETTE PUBLIQUE.

Art. 1er. A partir du 1er janvier 1854, la caisse des dépôts et consignations cessera d'être chargée du service des pensions imputées sur les caisses de retraite supprimées par l'article 1er de la loi du 9 juin 1853.

Elle continuera néanmoins, jusqu'au 1er mai 1854, à effectuer le paiement des arrérages et décomptes d'arrérages afférents à l'année 1853 et années antérieures, et elle fera également recette des retenues portant sur lesdites années.

A partir du 1er mai 1854, les arrérages antérieurs au 1er janvier de ladite année seront, jusqu'au terme de prescription, payés aux caisses du Trésor public par imputation sur le crédit spécial de dépense affecté chaque année au service des pensions civiles. Les retenues arriérées, dévolues aux caisses de retraites supprimées, ou provenant de leur liquidation, seront portées au chapitre spécial qui sera ouvert au budget des recettes de l'année courante sous le titre désigné à l'article 5.

La caisse des dépôts et consignations arrêtera, au 1er juillet 1854, la situation des caisses de retraite supprimées, et versera au Trésor leur solde en numéraire et leurs autres valeurs actives.

Les inscriptions de rentes appartenant à ces caisses seront annulées.

Un procès-verbal de clôture et de remise du service sera dressé contradictoirement entre un délégué du Ministre des finances, le directeur général de la caisse des dépôts et consignations et un membre de la commission de surveillance placé près de cet établissement désigné par elle à cet effet.

Art. 2. L'inscription au grand-livre de la dette publique des pensions existantes au 1er janvier 1854, à la charge des caisses de retraites supprimées, aura lieu d'après des états certifiés et transmis au Ministre des finances par les Ministres des divers Départements. Ces états, conformes au modèle ci-annexé sous le nº 1, énonceront, pour chaque pension, la date, la nature et les motifs de l'acte qui l'aura constituée. Ils seront divisés en deux catégories :

1º Pensions liquidées et en cours de paiement;

2º Pensions liquidées, mais dont le paiement sera suspendu pour cause de replacement des titulaires, ou pour tout autre motif.

Des états dressés dans la même forme seront successivement transmis pour l'inscription des pensions en cours de liquidation au 1er janvier 1854.

Art. 3. Les titulaires des pensions de retraite inscrites au grand-livre de la dette publique, en exécution de l'article 2 de la loi du 9 juin 1853, recevront, à l'échéance du premier trimestre 1854, en échange de l'ancien titre, un certificat d'inscription au Trésor, délivré par le ministère des finances.

Art. 4. Le paiement de ces pensions aura lieu aux échéances des 1er janvier, 1er avril, 1er juillet, 1er octobre, et sera fait par les payeurs du Trésor, sur les justifications, dans les formes et sous les garanties déterminées pour les pensions inscrites sur les fonds généraux de l'État.

A partir du 1er janvier 1854 :

Les pensions civiles concédées en vertu de la loi du 22 août 1790 et du décret du 13 septembre 1806;

Les pensions ecclésiastiques;

Les pensions de veuves de militaires et les pensions de donataires cesseront d'être payées par semestre, et seront acquittées par trimestre aux échéances susindiquées.

Il en sera de même des pensions des douanes précédemment

payées par mois par les receveurs principaux de cette administration.

TITRE II.

PERCEPTION DES RETENUES.

Art. 5. Les traitements ou allocations passibles de retenues,
qui sont acquittés par les comptables du Trésor, sont *portés pour
le brut* dans les ordonnances et mandats, et il y est fait mention
spéciale des retenues à exercer pour pension.

Les comptables chargés du paiement de ces ordonnances ou
mandats les imputent en dépense pour leur montant intégral, et
ils constatent en recette les retenues opérées au crédit du budget
de chaque exercice et à un compte distinct intitulé : *Retenues sur
traitements pour le service des pensions civiles.*

Art. 6. Les traitements des fonctionnaires des services qui ont
une comptabilité spéciale, tels que l'administration de la dotation
de la couronne, la Légion d'honneur, les chancelleries consulaires, les caisses d'amortissement et des dépôts et consignations
ou autres, sont portés *pour le brut* dans les mandats délivrés sur
les caisses particulières chargées de l'acquittement des dépenses
de ces services, et il y est fait mention spéciale des retenues à
exercer.

Les décomptes des retenues sont établis sur les états mensuels
de traitements. Un bordereau récapitulatif de ces retenues, visé
par l'ordonnateur, est remis par lui, comme titre de perception,
au receveur des finances, à qui il en fait en même temps verser
le montant. Un duplicata de ce bordereau récapitulatif est adressé,
par l'ordonnateur de chaque service, au Ministre des finances.

Les règles établies par le présent article, en ce qui concerne
les bordereaux fournis par les ordonnateurs comme titre de perception, ne sont pas applicables aux retenues sur les émoluments
des receveurs de communes et d'établissements de bienfaisance,
lesquelles doivent être soumises aux dispositions spéciales de
l'article 20.

Art. 7. Les retenues afférentes aux traitements tant fixes
qu'éventuels des fonctionnaires des lycées sont précomptées cha-

que mois ou chaque trimestre, à l'instant du paiement, par l'économe, et par lui versées à la caisse du receveur des finances.

A l'appui de chaque versement, et comme titre de perception, l'économe fournit au receveur une expédition des états de traitements, certifiée par le proviseur et visée par le recteur.

Art. 8. Les retenues à exercer sur les traitements des fonctionnaires des écoles secondaires de médecine et de pharmacie, et des collèges communaux en régie, au compte des villes, sont précomptées de la même manière par le receveur municipal, et par lui versées dans la caisse du receveur des finances, auquel il remet, comme titre de perception, une expédition des états de traitements certifiée par le directeur de l'école ou par le principal, et visée par le recteur.

Art. 9. A l'égard des collèges communaux où le pensionnat est au compte des principaux, le montant des retenues est précompté par le receveur municipal sur les différents termes de la subvention allouée par la ville à l'établissement. A cet effet, le principal remet au receveur, chaque mois ou chaque trimestre, selon que les traitements sont acquittés mensuellement ou trimestriellement, un état des traitements dressé en double expédition, certifié par lui et visé par le recteur. Le traitement attribué au principal, pour le décompte de la retenue qu'il doit subir, sera calculé sur le traitement du régent le mieux rétribué, augmenté d'un quart.

Une des deux expéditions est produite par le receveur municipal au receveur des finances pour justifier le versement des retenues.

Dans les collèges auxquels la ville n'alloue pas de subvention, les retenues sont précomptées par le principal et versées directement par lui dans la caisse du receveur des finances, à qui il remet une expédition de l'état des traitements, certifiée comme il a été dit ci-dessus.

Art. 10. Les retenues acquises au Trésor sur le traitement des instituteurs communaux, quelle que soit l'origine des rétributions dont ce traitement se compose, sont prélevées par le receveur municipal lors du paiement, lequel a lieu sur la production de mandats délivrés par le maire et indiquant le montant brut des rétributions, les retenues à exercer et le net à payer.

Lorsque l'instituteur est autorisé à percevoir lui-même la rétribution scolaire, conformément au deuxième paragraphe de l'article 41 de la loi du 15 mars 1850, il remet le vingtième de cette rétribution au receveur municipal qui le verse, avec les autres retenues acquises au Trésor, dans la caisse du receveur des finances.

A l'appui des versements effectués, le receveur municipal produit des copies des mandats de paiement, et, en outre, lorsque la rétribution scolaire a été perçue par l'instituteur, une copie du rôle de rétribution.

Art. 11. Indépendamment des pièces mentionnées à l'article précédent, le receveur municipal adresse, tous les trois mois, au receveur des finances, pour être transmis au sous-préfet, un bordereau récapitulatif des sommes recouvrées dans le cours du trimestre, pour traitement de l'instituteur, et des retenues dont elles ont été frappées au profit du Trésor.

Le sous-préfet, après avoir, de concert avec l'inspecteur des écoles primaires, opéré le rapprochement de l'état des mutations du personnel avec les bordereaux remis par le receveur des finances, arrête et transmet au préfet, en double expédition, un tableau général des traitements et rétributions de toute nature afférents aux instituteurs communaux de l'arrondissement, et des retenues qui ont été exercées sur ces traitements et rétributions pendant le trimestre écoulé.

Ce tableau est vérifié par le préfet, qui en adresse une expédition, visée de lui, au Ministre de l'instruction publique et des cultes.

Art. 12. Tous les trois mois, le Ministre de l'instruction publique fait parvenir au Ministre des finances un état récapitulatif, par catégorie de fonctionnaires, des retenues acquises au Trésor pour tous les services de l'instruction publique.

Cet état indique le total brut des traitements qui ont été payés et le montant des retenues qui ont dû être précomptées par les payeurs ou versées dans les caisses des receveurs des finances.

En ce qui concerne les instituteurs communaux, cette production n'a lieu que tous les six mois. L'état est dressé par arrondissement.

Art. 13. Les fonctionnaires et employés rétribués sur d'autres fonds que ceux de l'Etat, qui ont néanmoins droit à pension conformément au dernier paragraphe de l'article 4 de la loi du 9 juin 1853, supportent la retenue sur l'intégralité de leurs rétributions.

Ceux qui sont placés en France et en Algérie doivent effectuer le versement de cette retenue, par trimestre et dans les premiers jours du trimestre qui suit le trimestre échu, à la caisse du receveur des finances ; ils transmettent la déclaration de ce versement au Ministre du Département auquel ils ressortissent. Ceux qui résident à l'étranger sont tenus de faire acquitter, pour leur compte, les retenues qui les concernent et de faire faire en même temps la déclaration ci-dessus prescrite ; ils sont autorisés à faire un seul versement par année.

Les Ministres transmettent, chaque trimestre, au Ministre des finances, des états nominatifs par Département desdits fonctionnaires et employés ; ces états, indiquant le traitement applicable à chaque agent et la retenue à exercer, sont transmis, comme titres de perception à recouvrer, aux receveurs des finances.

Art. 14. Pour les services, tels que celui des haras, dans lesquels les traitements et salaires sont, comme les autres dépenses, payés par les comptables à titre d'avance et sauf justification ultérieure, l'ordonnancement des retenues a lieu tous les trois mois, au profit du Trésor, par l'administration centrale.

La vérification et la liquidation définitive des décomptes de retenues perçues sur les agents des chancelleries diplomatiques et consulaires, sont faites par le ministère des affaires étrangères, lors du règlement des comptes desdites chancelleries.

Art. 15. Le compte général des retenues exercées pour le service des pensions civiles, établi par ministère et administration, est annexé au compte définitif des recettes publié par le Ministre des finances pour chaque exercice.

Art. 16. Les fonctionnaires et employés ne peuvent obtenir, chaque année, un congé ou une autorisation d'absence de plus de quinze jours sans subir une retenue. Toutefois, un congé d'un mois sans retenue peut être accordé à ceux qui n'ont joui d'aucun congé et d'aucune autorisation d'absence pendant trois années consécutives.

Pour les congés de moins de trois mois, la retenue est de la moitié au moins et des deux tiers au plus du traitement.

Après trois mois de congé consécutifs ou non, dans la même année, l'intégralité du traitement est retenue, et le temps excédant les trois mois n'est pas compté comme service effectif pour la pension de retraite.

Si, pendant l'absence de l'employé, il y a lieu de pourvoir à des frais d'intérim, le montant en sera précompté, jusqu'à due concurrence, sur la retenue qu'il doit subir.

La durée du congé, avec retenue de la moitié au moins et dés deux tiers au plus du traitement, peut être portée à quatre mois pour les fonctionnaires et employés exerçant hors de France, mais en Europe ou en Algérie, et à six mois pour ceux qui sont attachés aux services diplomatique et consulaire hors d'Europe.

Sont affranchies de toute retenue les absences ayant pour cause l'accomplissement d'un des devoirs imposés par la loi.

En cas d'absence pour cause de maladie dûment constatée, le fonctionnaire ou l'employé peut être autorisé à conserver l'intégralité de son traitement pendant un temps qui ne peut excéder trois mois. Pendant les trois mois suivants, il peut obtenir un congé avec la retenue de la moitié au moins et des deux tiers au plus du traitement.

Si la maladie est déterminée par l'une des causes exceptionnelles prévues aux premier et deuxième paragraphes de l'article 11 de la loi du 9 juin 1853, le fonctionnaire peut conserver l'intégralité de son traitement jusqu'à son rétablissement ou jusqu'à sa mise à la retraite.

Les membres des cours et tribunaux qui n'ont pas joui des vacances peuvent obtenir, en une ou plusieurs fois dans l'année, un congé d'un mois sans retenue.

Ce congé pourra être de deux mois pour les magistrats composant la chambre criminelle de la Cour de cassation.

Il n'est dérogé par le présent article ni aux dispositions des articles 18 et 17 des décrets des 13 octobre et 24 décembre 1851, concernant la mise en disponibilité, pour défaut d'emploi, des ingénieurs des ponts et chaussées et des ingénieurs des mines, ni aux règles spéciales concernant la mise en inactivité des agents extérieurs du Département des affaires étrangères et des fonctionnaires de l'enseignement.

Art. 17. Le fonctionnaire ou l'employé qui s'est absenté ou qui a dépassé la durée de ses vacances ou de son congé, sans autorisation peut être privé de son traitement pendant un temps double de celui de son absence irrégulière.

Une retenue qui ne peut excéder deux mois de traitement peut être infligée, par mesure disciplinaire, dans le cas d'inconduite, de négligence ou de manquement au service.

Les dispositions du présent article ne sont applicables ni aux magistrats, qui restent soumis, quant aux peines disciplinaires, aux prescriptions des articles 50 et 56 de la loi du 22 avril 1810, 35 du décret du 28 septembre 1807, et 3 du décret du 19 mars 1852, ni aux membres du corps enseignant, qui restent soumis aux articles 33 de la loi du 15 mars 1850 et 3 du décret du 9 mars 1851.

Il n'est pas dérogé par le présent article aux dispositions des articles 20 et 21 du décret du 13 octobre 1851, concernant les ingénieurs des ponts et chaussées, ni à celles des articles 19 et 20 du décret du 24 décembre 1851, concernant les ingénieurs des mines.

Art. 18. La retenue prescrite par les deux articles précédents s'exerce sur les rétributions de toute nature constituant l'émolument personnel passible de la retenue de 5 p. 100, aux termes du paragraphe 2 de l'article 3 de la loi du 9 juin 1853.

Art. 19. (Abrogé par décret du 10 avril 1907.)

Art. 20. Les percepteurs des contributions directes qui sont en même temps receveurs municipaux et receveurs d'établissements de bienfaisance sont appelés au bénéfice de la loi du 9 juin 1853 pour l'ensemble de leur gestion, et soumis aux retenues prescrites par l'article 3 de ladite loi pour la totalité de leurs émoluments personnels payés, soit sur les fonds de l'Etat, soit sur ceux des communes.

Les liquidations établies sur les mandats de paiement, en ce qui concerne les retenues sur les remises attribuées aux percepteurs comme agents de l'Etat, constatent et justifient les recettes à effectuer à ce titre par les receveurs des finances.

Quant aux retenues sur les émoluments des mêmes agents, en qualité de receveurs des communes et d'établissements de bienfaisance, le receveur des finances de chaque arrondissement forme, tous les trois mois, au vu des liquidations individuelles, un décompte des sommes dues pour le trimestre et dont il fait opérer le versement. Des décomptes généraux sont établis en outre, pour l'e ercice, par les soins des receveurs particuliers et du receveur général, et les résultats en sont soumis à la certification du préfet. Les décomptes trimestriels et d'exercice constituent les titres de perception.

Art. 21. Sont affranchies des retenues prescrites par l'article 3 de la loi du 9 juin 1853, les sommes payées à titre d'indemnité pour frais de représentation et de stations navales, de gratifications éventuelles, de salaire dè travail extraordinaire, d'indemnités pour missions extraordinaires, d'indemnités de perte, de frais de voyage, d'abonnements et d'allocations pour frais de bureau, de régie, de table et de loyer, de supplément de traitement colonial et de remboursement de dépenses.

Sont considérées comme payées à titre de frais de voyage les indemnités attribuées aux présidents d'assises, et comme payées à titre de frais de bureau les indemnités attribuées aux procureurs impériaux des chefs-lieux de département et aux juges de paix de Paris pour traitements de secrétaires.

Art. 22. Pour les fonctionnaires et employés envoyés d'Europe dans l'Algérie ou dans les colonies, le traitement normal assujetti à la retenue est fixé, dans chaque grade, d'après le traitement de l'emploi correspondant ou qui lui est assimilé en France. Dans les emplois qui se divisent en plusieurs classes en France et qui ne sont pas soumis dans les colonies à cette classification, le traitement normal est réglé d'après celui de la première classe du grade en France. Le surplus constitue le supplément de traitement colonial, qui est exempt de la retenue.

Art. 23. Pour les fonctionnaires et employés qui sont rétribués par des remises et des salaires variables, la retenue du premier douzième des augmentations s'exerce en se reportant au dernier prélèvement subi par le titulaire, soit à titre de premier mois de traitement, soit à titre de premier douzième d'augmentation, et la différence existant entre la moyenne du traitement frappé de la dernière retenue et celle des émoluments afférents au nouvel emploi constitue l'augmentation passible de la retenue du premier douzième.

Art. 24. Les prélèvements sur les amendes et confiscations en matière de douanes, de contributions indirectes et de postes, qui doivent être versés au Trésor au compte des pensions civiles, aux termes de l'article 35 de la loi du 9 juin 1853, sont exercés dans les proportions déterminées au tableau ci-annexé sous le n° 2.

Art. 25. Le fonctionnaire démissionnaire, révoqué ou destitué, s'il est réadmis dans un emploi assujetti à la retenue, subit de nouveau la retenue du premier mois de son traitement et celle du premier douzième des augmentations ultérieures.

Celui qui, par mesure disciplinaire ou par mutation volontaire d'emploi, est descendu à un traitement inférieur, subit la retenue du premier douzième des augmentations ultérieures.

Le fonctionnaire placé dans la situation indiquée par le dernier paragraphe de l'article 10 de la loi du 9 juin 1853 est assujetti à la retenue sur son traitement d'inactivité ; mais il ne subit pas la retenue du premier douzième lorsqu'il est rappelé à un emploi actif.

COMPOSITION DU TRAITEMENT MOYEN.

Art. 26. Pour déterminer la base de liquidation des pensions des conseillers référendaires de la Cour des comptes, on divise par leur nombre le fonds annuel qui leur est réparti à titre de préciput et de récompense de travaux.

La somme produite par cette division est réunie au traitement fixe, pour former le total des émoluments sur lequel la pension est liquidée.

Le montant annuel des salaires payés aux courriers et postulants courriers des postes est divisé par leur nombre, et le produit de cette division forme le traitement moyen à prendre pour base du calcul de la pension des agents de cette classe.

A l'égard des principaux des collèges communaux qui administrent le pensionnat à leur compte, le traitement moyen est réglé sur le traitement du régent le mieux rétribué, surévalué d'un quart.

Art. 27. A l'égard des agents extérieurs du Département des affaires étrangères et des fonctionnaires de l'enseignement qui sont admis à la retraite dans la position d'inactivité prévue par le quatrième paragraphe de l'article 10 de la loi du 9 juin 1853, le traitement moyen s'établit sur les six années des services qu'ils

ont rendus, comme titulaires d'emploi, avant leur mise en inactivité.

Art. 28. Le traitement moyen des agents qui sont rétribués par
des salaires ou remises variables sujettes à liquidations est établi
sur les six années antérieures à celle dans le cours de laquelle
cesse l'activité.

TITRE III.

JUSTIFICATION DU DROIT A PENSION. — MODE DE LIQUIDATION.

Art. 29. L'admission du fonctionnaire à faire valoir ses droits à
la retraite est prononcée par l'autorité qui, aux termes des règlements, a qualité pour prononcer sa révocation.

L'acte d'admission à la retraite spécifie les circonstances qui
donnent ouverture au droit à la pension, et indique les articles de
la loi applicables au fonctionnaire.

Art. 30. Lorsque l'admission à la retraite a lieu avant l'accomplissement de la condition d'âge imposée par l'article 5 de la loi
du 9 juin 1853, cette admission est prononcée dans les formes suivantes :

Si l'impossibilité d'être maintenu en activité résulte pour le
fonctionnaire d'un état d'invalidité morale inappréciable pour les
hommes de l'art, sa situation est constatée par un rapport de ses
supérieurs dans l'ordre hiérarchique.

Si l'incapacité de servir est le résultat de l'invalidité physique
du fonctionnaire, l'acte prononçant son admission à la retraite
doit être appuyé, indépendamment des justifications ci-dessus
spécifiées, d'un certificat des médecins qui lui ont donné leurs
soins et d'une attestation d'un médecin désigné par l'administration et assermenté, qui déclare que le fonctionnaire est hors d'état
de continuer utilement l'exercice de son emploi.

Art. 31. Le fonctionnaire admis à la retraite doit produire, indépendamment de son acte de naissance et d'une déclaration de
domicile :

1° Pour la justification des services civils :

Un extrait dûment certifié des registres et sommiers de l'administration ou du ministère auquel il a appartenu, énonçant ses
nom et prénoms, sa qualité, la date et le lieu de sa naissance, la

date de son entrée dans l'emploi avec traitement, la série de ses grades et services, l'époque et les motifs de leur cessation et le montant du traitement dont il a joui pendant chacune des six dernières années de son activité.

Cet extrait est dressé dans la forme du modèle ci-annexé sous le n° 3.

Lorsqu'il n'aura pas existé de registres, ou que tous les services administratifs ne se trouveront pas inscrits sur les registres existants, il y sera suppléé, soit par un certificat du chef ou des chefs compétents des administrations où l'employé aura servi, relatant les indications ci-dessus énoncées, soit par un extrait des comptes et états d'émargement certifié par le greffier de la Cour des comptes.

Les services civils rendus hors d'Europe sont constatés par un certificat distinct délivré par le Ministre compétent. Ce certificat, conforme au modèle ci-annexé sous le n° 4, énonce, pour chaque mutation d'emploi, le traitement normal du grade et le supplément accordé à titre de traitement colonial.

A défaut de ces justifications, et lorsque, pour cause de destruction des archives dont on aurait pu les extraire ou du décès des fonctionnaires supérieurs, l'impossibilité de les produire aura été prouvée, les services pourront être constatés par acte de notoriété.

2° Pour la justification des services militaires de terre et de mer :

Un certificat directement émané du ministère de la guerre ou de celui de la marine.

Les actes de notoriété, les congés de réforme et les actes de licenciement ne sont pas admis pour la justification des services militaires. Lorsque des actes de cette nature sont produits, ils sont renvoyés au ministère de la guerre ou à celui de la marine, qui les remplace, s'il y a lieu, par un certificat authentique.

Les services des employés de préfectures et de sous-préfectures sont justifiés par un certificat du préfet ou du sous-préfet, constatant que le titulaire a été rétribué sur des fonds d'abonnement, et ce certificat doit être visé par le Ministre de l'intérieur.

Art. 32. Les veuves prétendant à pension fournissent, indépendamment des pièces que leur mari aurait été tenu de produire :

1° Leur acte de naissance ;

2° L'acte de décès de l'employé ou du pensionnaire ;

3° L'acte de célébration du mariage ;

4° Un certificat de non-séparation de corps, et, si le mariage est antérieur à la loi du 8 mai 1816, un certificat de non-divorce (1) ;

5° Dans le cas où il y aurait eu séparation de corps, la veuve doit justifier que cette séparation a été prononcée sur sa demande.

Les orphelins prétendant à pension fournissent, indépendamment des pièces que leur père aurait été tenu de produire :

1° Leur acte de naissance ;

2° L'acte de décès de leur père ;

3° L'acte de célébration de mariage de leurs père et mère ;

4° Une expédition ou un extrait de l'acte de tutelle ;

5° En cas de prédécès de la mère, son acte de décès ; en cas de séparation de corps, expédition du jugement qui a prononcé la séparation ou un certificat du greffier du tribunal qui a rendu le jugement ; en cas de second mariage, acte de célébration.

Les veuves ou orphelins prétendant à pension produisent le brevet délivré à leur mari ou père, lorsqu'il est décédé en jouissance de pension, ou une déclaration constatant la perte de ce titre.

Art. 33. Si le fonctionnaire a été justiciable direct de la Cour des comptes, soit en deniers, soit en matières, il doit produire un certificat de la comptabilité générale des finances ou du ministère compétent, constatant, sauf justification ultérieure du quitus de la Cour des comptes, que la vérification provisoire de sa gestion ne révèle aucun débet à sa charge.

Si le prétendant à pension n'est pas justiciable direct de la Cour des comptes, sa situation en fin de gestion est constatée par un certificat du comptable supérieur duquel il relève.

Art. 34. Les enfants orphelins des fonctionnaires décédés pensionnaires ne peuvent obtenir des secours à titre de réversion qu'autant que le mariage dont ils sont issus a précédé la mise à la retraite de leur père.

Art. 35. Dans le cas spécifié aux paragraphes 1er et 2 de l'article 11, 1er et 2 de l'article 14 de la loi du 9 juin 1853, l'événement donnant ouverture au droit à pension doit être constaté par un

____

(1) Le divorce étant rétabli (art. 229 du code civil), le certificat est à produire.

procès-verbal en due forme dressé sur les lieux et au moment où il est survenu. A défaut de procès-verbal, cette constatation peut s'établir par un acte de notoriété rédigé sur la déclaration des témoins de l'événement ou des personnes qui ont été à même d'en connaître et d'en apprécier les conséquences. Cet acte doit être corroboré par les attestations conformes de l'autorité municipale et des supérieurs immédiats du fonctionnaire.

Dans le cas d'infirmités prévu par le troisième paragraphe de l'article 11 de la loi du 9 juin, ces infirmités et leurs causes sont constatées par les médecins qui ont donné leurs soins au fonctionnaire et par un médecin désigné par l'administration et assermenté. Ces certificats doivent être corroborés par l'attestation de l'autorité municipale et celle des supérieurs immédiats du fonctionnaire.

Art. 36. Dans les cas exceptionnels prévus par les premier et deuxième paragraphes dudit article 11, il est tenu compte à l'employé de ses services militaires de terre et de mer, suivant le mode spécial de rémunération réglé par l'article 8 de la loi, indépendamment de la liquidation déterminée pour les services civils par les deux premiers paragraphes de l'article 12.

La liquidation s'établit, dans les mêmes cas, sur le traitement moyen, lorsqu'il est plus favorable à l'employé que le dernier traitement d'activité.

Art. 37. Les fonctionnaires et employés classés dans la partie active, qui, antérieurement à la loi du 9 juin 1853, ne subissaient pas de retenues et n'étaient pas placés sous le régime des loi et décret des 22 août 1790 et 13 septembre 1806, sont liquidés à raison de 1/100ᵉ du traitement moyen pour chaque année de service assujetti à la retenue dans la partie active, et le montant de la pension ainsi fixée est augmenté de 1/25ᵉ par chacune des années liquidées.

TITRE IV.

DISPOSITIONS D'ORDRE ET DE COMPTABILITÉ.

Art. 38. (Abrogé et remplacé par le décret du 8 août 1892, voir page 88).

Art. 39. Le compte à rendre annuellement, lors de la présentation de la loi du budget, en exécution de l'article 21 de la loi du 9 juin 1853, comprend, par ministère et avec la distinction des pensions d'employés, de veuves et d'orphelins :

1° L'emploi du crédit d'inscription qui a été déterminé conformément aux dispositions de l'article précédent;

2° La situation, par accroissement et décroissement, des pensions concédées et inscrites au 31 décembre de l'année expirée pour services déterminés avant le 1er janvier 1854;

3° La situation, par accroissement et décroissement, des pensions concédées et inscrites à la même date pour services déterminés postérieurement au 1er janvier 1854.

Art. 40 (1). En exécution de l'article 24 de la loi du 9 juin 1853, le ministère compétent réunit les pièces justificatives du droit à pension, arrête la liquidation, et, après l'avoir communiquée au Ministre des finances, la soumet, avec l'avis de ce Ministre, à l'examen de la section des finances du Conseil d'Etat.

Sur l'avis de cette section, le Ministre liquidateur prépare le décret de concession, qui doit être contresigné par le Ministre des finances.

Art. 41. Les décrets de concession, conformes au modèle ci-annexé sous le n° 5, mentionnent les nom, prénoms, grade, date et lieu de naissance du pensionnaire, la nature et la durée de ses services, la date des lois, décrets et ordonnances réglementaires en vertu desquels la pension a été liquidée, la quotité du traitement qui a servi de base à la liquidation, la part de rémunération afférente aux services militaires et celle afférente aux services civils, la limitation au maximum, la quotité de la pension, la date d'entrée en jouissance et le domicile de la partie. Ces décrets indiquent, en outre, la date de l'avis rendu par la section des finances et, s'il y a lieu, celle de l'avis du Conseil d'Etat.

Lorsque ces décrets sont collectifs, ils doivent être divisés en deux catégories, comprenant distinctement les pensions pour services terminés avant le 1er janvier 1854, et celles concédées pour services terminés postérieurement à cette date.

Art. 42. La date de la présentation de la demande en liquidation est constatée par son inscription sur un registre spécial tenu dans chaque ministère. Un bulletin de cette inscription est délivré à la partie intéressée.

---

(1) Voir, page 108, la loi du 22 juillet 1909.

Art. 43. Lorsqu'un fonctionnaire dont la pension est liquidée ou inscrite se trouve dans l'un des cas prévus par les deux derniers paragraphes de l'article 27 de la loi du 9 juin 1853, sa perte du droit à la pension est prononcée par un décret rendu sur la proposition du Ministre des finances, après avoir pris l'avis du Ministre liquidateur et après avoir consulté la section des finances du Conseil d'Etat.

Art. 44. Lorsqu'un pensionnaire est remis en activité, il en est immédiatement donné avis par le Ministre compétent au Ministre des finances, pour que le paiement de la pension soit suspendu ou pour qu'il soit fait application des dispositions de l'article 31 de la loi du 9 juin 1853 relatives au cumul.

Art. 45. Lorsqu'un fonctionnaire a disparu de son domicile, et que plus de trois ans se sont écoulés sans qu'il ait réclamé les arrérages de sa pension, sa femme ou les enfants qu'il a laissés peuvent obtenir, à titre provisoire, la liquidation des droits de réversion qui leur seraient ouverts par les articles 13 et 16 de la loi du 9 juin 1853 en cas de décès dudit pensionnaire.

Art. 46. Tout titulaire d'une pension inscrite au Trésor doit produire, pour le paiement, un certificat de vie délivré par un notaire, conformément à l'ordonnance du 6 juin 1839, lequel certificat contient, en exécution des articles 14 et 15 de la loi du 15 mai 1818, la déclaration relative au cumul.

La rétribution fixée par le décret du 21 août 1806 et l'ordonnance du 20 juin 1817, pour la délivrance des certificats de vie, est modifiée ainsi qu'il suit :

Pour chaque trimestre à percevoir :

De 600 francs et au-dessus................................	» 50
De 600 à 301 francs................................	» 35
De 300 à 101 francs................................	» 25
De 100 à 50 francs................................	» 20
Au-dessous de 50 francs................................	» »

Art. 47 (1). Le fonctionnaire admis à faire valoir ses droits à la retraite pour ancienneté, par application des paragraphes 1 et 2 de l'article 5 de la loi du 9 juin 1853, continue à exercer ses fonctions jusqu'à la délivrance de son brevet de pension, à moins de décision contraire rendue sur sa demande ou motivée soit par suppression de son emploi, soit par l'intérêt du service.

Après la délivrance de son brevet de pension, il peut encore,

---

(1) Modifié par le décret du 27 mai 1897 (B. O., p. 821).

lorsque l'intérêt du service l'exige, être maintenu momentanément en activité.

En cas de prolongation de ses services, conformément aux deux paragraphes précédents, il ne peut y avoir lieu à un supplément de liquidation, et la jouissance de la pension part du jour de la cessation effective du traitement.

Les dispositions du présent article ne sont pas applicables aux fonctionnaires tenus de produire un certificat de non-débet.

Art. 48. Notre Ministre Secrétaire d'État au Département des finances est chargé de l'exécution du présent décret.

Instruction pour l'application, aux fonctionnaires civils des administrations centrales des ministères de la guerre et des pensions, de l'article 28 de la loi du 31 décembre 1920 prescrivant le payement d'avances remboursables aux fonctionnaires admis à faire valoir leurs droits à la retraite pour ancienneté de service.

(Ministère des Pensions, des Primes et des Allocations de guerre; Direction de la Liquidation des Pensions; 1ᵉʳ Service; 5ᵉ Bureau.)

Paris, le 15 octobre 1921.

PRÉAMBULE.

Aux termes de l'article 28 de la loi du 31 décembre 1920, les fonctionnaires admis à faire valoir leurs droits à la retraite pour ancienneté de service, par application des paragraphes 1ᵉʳ et 2 de l'article 5 de la loi du 9 juin 1853, peuvent, à partir de la cessation effective de leurs fonctions et jusqu'à la délivrance de leur brevet de pension, obtenir des avances sur ladite pension.

La présente instruction a pour but de fixer les conditions dans lesquelles les fonctionnaires intéressés pourront faire valoir leurs droits au payement de ces avances, celles dans lesquelles les avances seront ordonnancées, puis précomptées sur les premiers arrérages de la pension.

Article 1ᵉʳ. Les avances prévues par l'article 28 de la loi du 31 décembre 1920 en faveur des fonctionnaires admis à faire valoir leurs droits à la retraite sont calculées sur les 4/5ᵉˢ du montant de la liquidation sommaire qui est effectuée au moment de l'admission à la retraite. Elles sont payables trimestriellement et à termes échus et précomptées sur les arrérages de la pension.

Les fonctionnaires tenus de produire un certificat de non-débet peuvent bénéficier de ces dispositions à partir du moment où le non-débet a été constaté.

Article 2. Les demandes d'avances sur pension doivent être adressées au ministère des pensions (Direction de la Liquidation; 5ᵉ Bureau). Les intéressés devront produire à l'appui de leur demande :

1° Un extrait de la décision ministérielle ayant prononcé l'admission à la retraite;

2° Un certificat de non-débet pour les fonctionnaires astreints à la production de cette pièce.

Article 3. L'autorisation de payement d'avances modèle n° 1' est donnée par l'administration centrale au sous-intendant militaire chargé du service des pensions dans le département de la résidence des intéressés.

Article 4. L'ordonnancement des trimestres d'avances est effectué par le sous-intendant militaire dès la réception de l'ordre d'autorisation de payement. Le premier mandat est appuyé d'une copie de la décision ministérielle autorisant le payement des avances; pour les payements subséquents, il suffit de porter une mention de références à cette décision.

Article 5. Par mesure transitoire, les fonctionnaires actuellement en instance de liquidation de pension peuvent obtenir immédiatement un rappel d'avances pour la période échue depuis la date de cessation de leurs fonctions. C payement est appuyé des justifications prévues à l'article précédent.

Article 6. Si la liquidation n'est pas intervenue dans les douze mois de la cessation des fonctions, l'intéressé a droit, le treizième mois, au payement du cinquième qui a été réservé la première année, et, à partir de ce moment, les avances sont calculées sur la base de la totalité du montant de la liquidation provisoire.

Article 7. A la réception de la lettre ministérielle autorisant la concession des avances dont il s'agit, le sous-intendant militaire inscrit l'intéressé sur un registre d'un modèle uniforme (même modèle que celui annexé à l'instruction du 29 août 1921) et procède ensuite à l'émission d'un mandat du montant de l'avance autorisée, sur les crédits délégués au titre du chapitre « Avances remboursables aux fonctionnaires en instance de pension ».

Les mandats délivrés aux intéressés sont mentionnés, dans les cases réservées à cet effet, sur l'autorisation provisoire de payement (modèle n° 2) établie au ministère des pensions et transmise, à l'appui de la lettre ministérielle susvisée, pour être remise au titulaire.

Aucun mandat n'est émis après le 31 décembre sur les crédits de l'exercice en cours à cette date.

Article 8. Dans le cas de décès du bénéficiaire d'avances avant le payement des premiers arrérages de la pension, le sous-intendant militaire met les héritiers en demeure de percevoir les arrérages échus et de rembourser les sommes payées à titre d'avances. S'ils refusent, il en est rendu compte au Ministre qui décide des mesures à prendre.

Article 9. Le remboursement des avances s'effectue, lors du payement des arrérages de la pension, au moyen d'un reversement au Trésor, sur l'ordre établi conformément aux prescriptions de l'article 183 du règlement du 3 avril 1869 et délivré au titre d'un compte : « *Remboursement par les pensionnés des avances qui leur ont été consenties par application de l'article 28 de la loi du 31 décembre 1920.* »

Cet ordre de remboursement porte, à l'encre rouge, une mention indiquant que, « conformément aux énonciations des mandats n°s....., délivrés les....., les sommes respectives de....., formant un total de....., sont à précompter sur les premiers arrérages de la pension civile n°....., de..... francs, assignée payable dans le département de..... (ou lorsque, ultérieurement, il s'agira des pensionnaires munis de livrets à coupons), payable à la caisse de..... (tel comptable) ».

Le récépissé constatant le reversement est transmis immédiatement au Ministre (Direction de la Liquidation; 5e Bureau) par le sous-intendant militaire qui a effectué la remise du titre de pension, avec un duplicata de l'ordre de reversement et l'autorisation provisoire de payement, retirée à l'intéressé au moment de la remise du titre.

Article 10. Le 5 de chaque mois au plus tard, les directeurs de l'intendance adressent au Ministre (Direction de la Liquidation; 5e Bureau) un bordereau (modèle 177 de la nomenclature générale) des mandats émis le mois précédent et désignant nominativement les parties prenantes, les numéro, date et montant de chaque mandat.

Article 11. La liquidation des avances accordées en exécution de l'article 28 de la loi du 31 décembre 1920 s'opère comme celle des avances consenties en vertu du décret du 10 août 1921 (instruction du 29 août 1921).

MINISTÈRE
DES PENSIONS
—
Direction
de la Liquidation
—
1ᵉʳ SERVICE
—
5ᵉ BUREAU
—

A l'appui : une auto-
risation provisoire
de payement.

N°   5.B.I./D.L P.

MODÈLE N° 1

RÉPUBLIQUE FRANÇAISE

Paris, le   192 .

Le Ministre des pensions à Monsieur le Sous-Intendant militaire chargé
du service des pensions dans le département d

à

Par décision de ce jour, le payement d'une avance trimestrielle
de   francs
sur la pension civile en cours de liquidation à son profit, est autorisé
en faveur de M

né le   à

domicilié à

L'ordonnancement de cette avance dont les bases de liquidation sont
indiquées au verso de la présente lettre sera effectué sur le crédit délégué
au titre du chapitre   .

Il sera rendu compte immédiatement de la date de la remise à l'intéressé du premier mandat de payement.

LIQUIDATION
D'UNE AVANCE SUR PENSION CIVILE

(Loi du 31 décembre 1920, article 28 ;
Instruction ministérielle du 15 octobre 1921.)

Montant de la liquidation provisoire de la pension

francs.

Montant annuel des avances (4/5 de celui de la liquidation provisoire)

francs.

Arrérages trimestriels :   francs, commençant à courir le

Arrérages échus à la date du :   :   francs.

MINISTÈRE
DES PENSIONS
—
Direction
de la Liquidation
—
1er SERVICE
—
5e BUREAU
—
N°
au contrôle général.

RÉPUBLIQUE FRANÇAISE

MODÈLE N° 2.

PENSIONS CIVILES

(Loi du 9 juin 1853.)

AUTORISATION PROVISOIRE

de payement d'avances sur une pension en cours de liquidation.

(Loi du 31 décembre 1920. — Art. 28.)

AU NOM DU MINISTRE DES PENSIONS,

le

certifie que M

né le   à

département d   est actuellement en instance
de pension et que, en attendant la concession de sa pension, il a droit de
recevoir une avance trimestrielle de   francs, payable à termes
échus, laquelle a été calculée ainsi qu'il suit :

Montant de la liquidation provisoire de la pension :   francs;
montant annuel des avances (4/5 de celui de la liquidation provisoire) :
                     francs.

Arrérages trimestriels :   francs, commençant à courir à partir du

Signature du titulaire :

Vu et inscrit au registre
des avances sur pensions.
Le sous-intendant mili-
taire chargé du service des
pensions dans le départe-
ment d

NOTA. — Le certificat d'inscription ne sera remis à l'ayant droit qu'en échange de la présente autorisation provisoire.

AVIS IMPORTANT. — Pour éviter tout retard dans la remise du titre de pension, l'intéressé
est invité à signaler le cas échéant, au ministère des pensions (1er Service, 5e Bureau) tous
changements effectués dans le lieu primitivement indiqué comme résidence.

TRIMESTRE payable le	TRIMESTRE payable le	TRIMESTRE payable le	TRIMESTRE payable le
Ordonnancé la somme de francs suivant mandat n° délivré le à	Ordonnancé la somme de francs suivant mandat n° délivré le à	Ordonnancé la somme de francs suivant mandat n° délivré le à	Ordonnancé la somme de francs suivant mandat n° délivré le à
TRIMESTRE payable le	TRIMESTRE payable le	TRIMESTRE payable le	TRIMESTRE payable le
Ordonnancé la somme de francs suivant mandat n° délivré le à	Ordonnancé la somme de francs suivant mandat n° délivré le à	Ordonnancé la somme de francs suivant mandat n° délivré le à	Ordonnancé la somme de francs suivant mandat n° délivré le à
TRIMESTRE payable le	TRIMESTRE payable le	TRIMESTRE payable le	TRIMESTRE payable le
Ordonnancé la somme de francs suivant mandat n° délivré le à	Ordonnancé la somme de francs suivant mandat n° délivré le à	Ordonnancé la somme de francs suivant mandat n° délivré le à	Ordonnancé la somme de francs suivant mandat n° délivré le à

Visa des Sous-Intendants militaires en cas de changement de département.

Vu pour départ (a été rayé sur le registre des titulaires d'avances résidant dans le département d	Vu pour arrivée (a été inscrit au registre es titulaires d'avances résidant dans le département d	Vu pour départ (a été rayé sur le registre des titulaires d'avances résidant dans le département d	Vu pour arrivée (a été inscrit au registre es titulaires d'avances résidant dans le département d
Vu pour départ (a été rayé sur le registre des titulaires d'avances résidant dans le département d	Vu pour arrivée (a été inscrit au registre des titulaires d'avances résidant dans le département d	Vu pour départ (a été rayé sur le registre des titulaires d'avances résidant dans le département d	Vu pour arrivée (a été inscrit au registre des titulaires d'avances résidant dans le département d
Vu pour départ (a été rayé sur le registre des titulaires d'avances résidant dans le département d	Vu pour arrivée (a été inscrit au registre des titulaires d'avances résidant dans le département d	Vu pour départ (a été rayé sur le registre des titulaires d'avances résidant dans le département d	Vu pour arrivée (a été inscrit au registre des titulaires d'avances résidant dans le département d

Extrait de la loi relative à la retraite de divers fonctionnaires de l'enseignement primaire.

17 août 1876.

Le Sénat et la Chambre des députés ont adopté ;
Le Président de la République promulgue la loi dont la teneur suit :

Art. 1er. Les inspecteurs de l'enseignement primaire, les directeurs et les directrices, les maîtres adjoints et les maîtresses adjointes des écoles normales primaires ; les instituteurs communaux et les institutrices communales, titulaires ou adjoints ; les directrices de salles d'asile communales, seront compris parmi les fonctionnaires du service actif et ajoutés au tableau n° 2 annexé à la loi du 9 juin 1853. Leur pension de retraite sera, à partir de la promulgation de la présente loi, réglée conformément aux dispositions relatives aux emplois de la partie active.

Art. 2 . . . .
Les années passées, à partir de l'âge de vingt ans, en qualité d'élèves dans les écoles normales, seront comprises dans le compte des années de services, lors de la liquidation de la pension de retraite.

. . . .

La présente loi, délibérée et adoptée par le Sénat et par la Chambre des députés, sera exécutée comme loi de l'État.

Loi sur les pensions du personnel du Département de la marine et des colonies.

Du 5 août 1879.

Le Sénat et la Chambre des députés ont adopté ;
Le Président de la République promulgue la loi dont la teneur suit :

TITRE Ier.

DES DROITS A LA PENSION DE RETRAITE.

Art. 1er. Le droit à la pension de retraite pour ancienneté de services et pour blessures ou infirmités reste acquis aux officiers, assimilés, autres fonctionnaires, officiers mariniers, marins, ouvriers et divers agents du Département de la marine et des colonies, dans les conditions déterminées par les lois des 18 avril 1831, 21 juin 1856, 26 juin 1861 et 28 juin 1862, sauf les modifications qui y sont apportées par la présente loi.

Art. 2. Ont droit à la pension, après vingt-cinq ans de service, les fonctionnaires, agents et autres qui réunissent six ans de navigation au service de l'Etat, tant sur les bâtiments de l'Etat que sur les navires de commerce au compte de l'Etat ou de service dans les colonies (1).

Dans aucun cas, le service des colonies ne motivera de réduction sur la durée légale des services que pour les individus envoyés d'Europe.

Art. 3. Tout officier marinier, magasinier de la flotte, premier commis aux vivres ou second commis aux vivres, réunissant quinze ans de service effectif au moins et qui a été reconnu impropre à l'embarquement, par suite des fatigues de la navigation, sans avoir droit à une pension pour infirmités conformément aux articles 12, 13 et 14 de la loi du 18 avril 1831, peut obtenir une pension proportionnelle.

Le taux de cette pension est fixé à raison d'un vingt-cinquième du minimum de la pension d'ancienneté du grade dont l'intéressé est titulaire, pour chaque année de service, campagnes comprises.

Au delà de vingt-cinq ans, campagnes comprises, la pension est réglée de la même manière que celle dite *d'ancienneté*, conformément au tarif n° 2 annexé à la présente loi.

TITRE II.

FIXATION DU TAUX DE LA PENSION DE RETRAITE.

Art. 4. Les pensions de retraite des officiers et autres dénommés dans l'article 1er de la présente loi sont fixées conformément aux tarifs ci-annexés.

Art. 5. Le bénéfice de l'article 11 de la loi du 18 avril 1831 est conservé aux officiers mariniers, quartiers-maîtres et assimilés, selon les indications du tarif n° 2.

Les officiers et assimilés ne sont plus admis à en profiter.

Art. 6. Sont et demeurent abrogées les dispositions contenues dans le deuxième paragraphe de l'article 1er de la loi du 26 juin 1861, d'après lequel les pensions des vice-amiraux et contre-ami-

---

(1) Texte nouveau. (Loi de finances du 25 février 1901, art. 46.)

raux, ainsi que celles des fonctionnaires qui leur sont assimilés
pour la retraite, ne peuvent. en aucun cas. excéder la solde attribuée, selon le grade, aux officiers généraux du cadre de réserve.

TITRE III.

DES PENSIONS DE VEUVES ET ORPHELINS.

Art. 7. Le droit à la pension pour les veuves et les orphelins
mineurs des officiers, assimilés, agents, fonctionnaires, officiers
mariniers, marins et ouvriers, demeure régi par les articles 19, 20
et 21 de la loi du 18 avril 1831, l'article 1er de la loi du 26 avril
1856, par les lois des 26 juin 1861 et 10 avril 1869, et par celle du
20 juin 1878 (1).

Toutefois, les veuves des fonctionnaires et celles de tous les
autres agents qui, aux termes du deuxième paragraphe de l'article 1er de la loi du 18 avril 1831, doivent réunir trente ans de service effectif pour pouvoir prétendre à une pension de retraite,
auront désormais droit à la pension quand leurs maris mourront
après vingt-cinq ans de service effectif.

En cas de décès de la mère, le droit résultant de la disposition
contenue dans le deuxième paragraphe du présent article est
dévolu aux orphelins.

Cette disposition ne sera appliquée qu'aux veuves ou aux orphelins des fonctionnaires et agents divers morts après la promulgation de la présente loi.

Art. 8. La pension des veuves et le secours annuel des orphelins des officiers mariniers, marins et autres compris au tarif
n° 2, sont fixés à la moitié du maximum de la pension affectée au
grade dont le mari ou le père était titulaire.

Toutefois, aucun des individus compris au tarif n° 2 ne pourra
donner à sa veuve ou à ses orphelins droit à une pension supé-
rieure à celle qui est attribuée par le tarif n° 1 aux veuves d'officiers ou assimilés du dernier grade, suivant le corps.

Dans aucun cas, la pension de veuve ou le secours d'orphelin
ne pourra être inférieur à trois cents francs.

Art. 9. Les veuves ou orphelins des officiers mariniers, marins
et assimilés tués sur le champ de bataille, ou dont la mort a été
causée par des événements de guerre, ont droit aux trois quarts
du maximum de la pension d'ancienneté attribuée au grade dont
le mari ou le père était titulaire.

Art. 10. L'article 19, paragraphe 4, de la loi du 18 avril 1831

---

(1) Et par les articles 49 et suivants de la loi du 31 mars 1919 modifiant la
législation des pensions

n'est pas applicable aux veuves des officiers mariniers, magasiniers de la flotte, premiers commis aux vivres et seconds commis aux vivres, morts en jouissance de la pension proportionnelle concédée par l'article 3 ci-dessus ou en possession de droits à cette pension.

Art. 11 (1).

TITRE IV.

DISPOSITIONS DIVERSES.

Art 12. Les officiers et assimilés de tous grades compris dans la première section du tarif n° 1 resteront, après leur mise à la retraite, pendant cinq années à la disposition du Ministre de la marine, qui pourra leur donner un emploi de leur grade dans la réserve de l'armée de mer. soit pour le service des ports, soit pour le service à la mer ou le service des colonies.

Le Ministre de la marine pourra également les mettre à la disposition du Ministre de la guerre.

Pendant ces cinq années, ils demeureront soumis aux lois et règlements militaires sur la réserve.

Art. 13. La retenue opérée au profit de la caisse des invalides sur la solde et les accessoires de solde des officiers, des assimilés et autres fonctionnaires compris dans le tarif n° 1, sera portée de trois à cinq pour cent, à compter du premier jour du mois qui suivra la promulgation de la présente loi.

La retenue que subissent les officiers mariniers, marins et autres auxquels le tarif n° 2 est applicable, reste fixée à trois pour cent.

Art. 14. Les tarifs annexés à la présente loi sont appliqués aux fonctionnaires et agents du service colonial d'après leurs assimilations avec le personnel métropolitain telles qu'elles sont établies par les décrets organiques.

Ces assimilations servent également à régler le taux de la retenue à laquelle lesdits fonctionnaires et agents sont soumis au profit de la caisse des invalides.

---

(1) Article 11 abrogé. Les pensions qui avaient été suspendues en exécution des dispositions de l'article 11 : « Les veuves ne seront plus admises à cumuler plusieurs pensions militaires; elles pourront seulement opter pour la plus forte, quand il y aura lieu », seront remises en payement à partir de la première échéance trimestrielle qui suivra la promulgation de la présente loi. (30 décembre 1913, art. 40.)

Art. 15. Chaque année, il sera communiqué aux Chambres un tableau indiquant les liquidations de pensions nouvelles qui auront été effectuées et les extinctions qui se seront produites parmi les pensionnaires dans le cours de l'année précédente.

Art. 16. Un crédit annuel sera inscrit au budget de la caisse des invalides pour venir en aide aux pensionnaires placés sous le régime des lois antérieures.

Le chiffre des allocations à attribuer suivant le grade sera le même que celui fixé pour l'armée de terre.

TITRE V.

DISPOSITIONS GÉNÉRALES ET TRANSITOIRES.

Art. 17. Les dispositions de la loi sur les pensions de l'armée de terre continuent à être applicables aux officiers, sous-officiers et soldats des troupes de la marine, sauf le bénéfice résultant de l'article 2 de la présente loi, en ce qui concerne l'époque à laquelle ils pourront acquérir droit à la pension d'ancienneté.

Art. 18. La présente loi est applicable à toutes les pensions non encore inscrites au moment de sa promulgation.

Art. 19. Sont et demeurent abrogées toutes les dispositions contenues dans les lois antérieures et qui seraient contraires à la présente loi.

La présente loi, délibérée et adoptée par le Sénat et par la Chambre des députés, sera exécutée comme loi de l'État.

Fait à Paris, le 5 août 1879.

Signé : JULES GRÉVY.

Par le Président de la République:

Le Ministre de la marine et des colonies,

Signé : JAURÉGUIBERRY.

ÉTAT A modifiant, en ce qui concerne les personnels du Départemen e la marine, le tarif n° 1 annexé à la loi du 5 août 1879.

GRADES.	LIMITE D'AGE.	PENSIONS DE RETRAITE POUR ANCIENNETÉ DE SERVICE. (Art. 0 de la loi du 18 avril 1831.)			PENSIONS DE RETRAITE POUR CAUSE DE BLESSURES OU INFIRMITÉS GRAVES OU INCURABLES. (Art. 12, 13, 14, 15, 16 et 17 de la loi du 18 avril 1831.)						PENSIONS aux veuves. — Secours annuels aux orphelins.
		Minimum à 25 ans ou 30 ans de service effectif, suivant le corps.	Accroissement pour chaque année de service effectif au delà de 25 ans ou 30 ans suivant le corps et pour chaque année résultant de la supputation des campagnes.	Maximum à 45 ans ou 50 ans de service suivant le corps, campagnes comprises.	AMPUTATION de deux membres ou perte totale de la vue — PENSION FIXE quelle que soit la durée des services 20 0/0 en sus du maximum.	AMPUTATION d'un membre ou perte absolue de l'usage de deux membres. — PENSION FIXE quelle que soit la durée des services.	BLESSURES OU INFIRMITÉS graves qui occasionnent la perte absolue de l'usage d'un membre ou qui y sont équivalentes. (Art. 16 de la loi du 18 avril 1831.) — PENSION VARIABLE Minimum augmenté de l'accroissement prévu pour chaque année de service ou de campagne jusqu'au maximum. Minimum.	Maximum.	BLESSURES OU INFIRMITÉS moins graves qui mettent dans l'impossibilité de rester au service avant d'avoir accompli les 25 ou 30 ans exigés pour le droit à la pension d'ancienneté. (Art. 17 de la loi du 18 avril 1831.) — PENSION VARIABLE. Minimum augmenté de l'accroissement prévu pour chaque année de service au delà de 25 ou 30 ans jusqu'au maximum. (Les services effectifs cumulés avec les campagnes formant 25 ou 30 ans.) Minimum.	Maximum.	
		fr.	fr.	fr.	fr.	fr.	fr.	fr.	fr.	fr.	fr.
1re Section.											
Vice-amiral	65										
Mécanicien général de 1re classe	65										
Contrôleur général de 1re classe	65										
Inspecteur général du génie maritime	68	7.000	175	10.500	42.600	10.500	7.000	10.500	7.000	10.500	3.500
Ingénieur général de 1re classe d'artillerie navale	65										
Commissaire général de 1re classe	68										
Médecin général de 1re classe	65										
Contre-amiral	62										
Mécanicien général de 2e classe	62										
Contrôleur général de 2e classe	62										
Directeur du génie maritime	65										
Ingénieur général de 2e classe d'artillerie navale	62	6.000	100	8.000	9.600	8.000	6.000	8.000	6.000	8.000	2.667
Directeur d'hydrographie	65										
Commissaire général de 2e classe	65										
Médecin général de 2e classe	62										
Administrateur général de l'inscription maritime	65										
Capitaine de vaisseau	60										
Mécanicien inspecteur de 1re classe	60										
Contrôleur de 1re classe	60										
Ingénieur en chef de 1re classe du génie maritime	62	4.500	75	6.000	7.200	6.000	4.500	6.000	4.500	6.000	2.000
Ingénieur en chef de 1re classe d'artillerie navale	60										

GRADES.	LIMITE D'ÂGE.	PENSIONS DE RETRAITE POUR ANCIENNETÉ DE SERVICE. (Art. 9 de la loi du 18 avril 1831.) Minimum à 25 ans ou 30 ans de service effectif, suivant le corps.	Accroissement pour chaque année de service effectif au delà de 25 ans ou 30 ans suivant le corps et pour chaque année résultant de la supputation des campagnes.	Maximum à 45 ans ou 30 ans de service suivant le corps, campagnes comprises.	PENSIONS DE RETRAITE POUR CAUSE DE BLESSURES OU INFIRMITÉS GRAVES OU INCURABLES. (Art. 12, 13, 14, 15, 16 et 17 de la loi du 18 avril 1831.) AMPUTATION de deux membres ou perte totale de la vue. — PENSION FIXE quelle que soit la durée des services 20 0/0 en sus du maximum.	AMPUTATION d'un membre ou perte absolue de l'usage de deux membres. — PENSION FIXE quelle que soit la durée des services.	BLESSURES OU INFIRMITÉS graves qui occasionnent la perte absolue de l'usage d'un membre ou qui y sont équivalentes. (Art. 16 de la loi du 18 avril 1831.) — PENSION VARIABLE. Minimum augmenté de l'accroissement prévu pour chaque année de service ou de campagne jusqu'au maximum. / Minimum.	Maximum.	BLESSURES OU INFIRMITÉS moins graves qui mettent dans l'impossibilité de rester au service avant d'avoir accompli les 25 ou 30 ans exigés pour le droit à la pension d'ancienneté (Art. 17 de la loi du 18 avril 1831.) — PENSION VARIABLE. Minimum augmenté de l'accroissement prévu pour chaque année de service au delà de 25 ou 30 ans jusqu'au maximum. (Les services effectifs cumulés avec les campagnes formant 25 ou 30 ans.) / Minimum.	Maximum.	PENSIONS aux veuves. — Secours annuels aux orphelins.
		fr.	fr.	fr.	fr.	fr.	fr.	fr.	fr.	fr.	fr.
Ingénieur hydrographe en chef de 1re classe	62	4.500	75	6.000	7.200	6.000	4.500	6.000	4.500	6.000	2 000
Commissaire en chef de 1re classe	62										
Médecin et pharmacien en chef de 1re classe	60										
Administrateur en chef de 1re classe de l'inscription maritime	62										
Capitaine de frégate (1)	58										
Mécanicien inspecteur de 2e classe	58										
Contrôleur de 2e classe	58										
Ingénieur en chef de 2e classe du génie maritime	60	3.700	65	5.000	6 000	5 000	3.700	5.000	3.700	5 000	1.667
Ingénieur en chef de 2e classe d'artillerie navale	58										
Ingénieur hydrographe en chef de 2e classe	60										
Commissaire en chef de 2e classe	60										
Médecin et pharmacien en chef de 2e classe	58										
Administrateur en chef de 2e classe de l'inscription maritime	60										
Capitaine de corvette (2)	»										
Mécanicien en chef	56										
Contrôleur adjoint	56										
Ingénieur principal du génie maritime	58	3.000	50	4.000	5.025	4.000	3.000	4.000	3.000	4.000	1.333
Ingénieur principal d'artillerie navale	56										
Ingénieur hydrographe principal	58										

(1) Capitaine de frégate du cadre de résidence fixe : limite d'âge à 60 ans.
(2) Ont également droit à la pension de capitaine de corvette les lieutenants de vaisseau, réunissant les conditions prévues par la loi du 27 mars 1902.

GRADES	(échelon de solde)	LIMITE D'ÂGE	PENSIONS DE RETRAITE POUR ANCIENNETÉ DE SERVICE. (Art. 9 de la loi du 18 avril 1831.) — Minimum à 25 ans ou 30 ans de service effectif, suivant le corps.	Accroissement pour chaque année de service effectif au delà de 25 ans ou 30 ans suivant le corps et pour chaque année résultant de la supputation des campagnes.	Maximum à 45 ans ou 30 ans de service suivant le corps, campagnes comprises.	AMPUTATION de deux membres ou perte totale de la vue. — PENSION FIXE quelle que soit la durée des services 90 0/0 en sus du maximum.	AMPUTATION d'un membre ou perte absolue de l'usage de deux membres. — PENSION FIXE quelle que soit la durée des services.	BLESSURES OU INFIRMITÉS graves qui occasionnent la perte absolue de l'usage d'un membre ou qui y sont équivalentes. (Art. 16 de la loi du 18 avril 1831.) — PENSION VARIABLE. Minimum.	Maximum.	BLESSURES OU INFIRMITÉS moins graves qui mettent dans l'impossibilité de rester au service avant d'avoir accompli les 25 ou 30 ans exigés pour le droit à la pension d'ancienneté. (Art. 17 de la loi du 18 avril 1831.) — PENSION VARIABLE. Minimum.	Maximum.	PENSIONS aux veuves. — Secours annuels aux orphelins.
			fr.	fr.	fr.	fr.	fr.	fr.	fr.	fr.	fr.	fr.
Commissaire principal		58	3.000	50	4.000	5.025	4.000	3.000	4.000	3.000	4.000	1.333
Médecin et pharmacien principal		56										
Administrateur principal de l'inscription maritime		58										
Officier d'administration principal		60										
Officier principal des directions de travaux		60										
Lieutenant de vaisseau (1)		53										
Chef de musique de 1re classe	4e échelon de solde	58	2.900	50	3.900	4.905	3.000	2.900	3.900	2.900	3.900	1.300
Mécanicien principal de 1re classe		53										
Ingénieur de 1re classe du génie maritime	3e échelon de solde	56	2.700	50	3.700	4.665	3.700	2.700	3.700	2.700	3 700	1.233
Ingénieur de 1re classe d'artillerie navale		53										
Ingénieur hydrographe de 1re classe	2e échelon de solde	56	2.500	50	3.500	4.425	3.500	2.500	3.500	2.500	3.500	1.167
Commissaire de 1re classe		56										
Médecin et pharmacien de 1re classe	1er échelon de solde	53	2.300	50	3.300	4.185	3.300	2.300	3.300	2.300	3.300	1.100
Administrateur de 1re classe de l'inscription maritime	4e échelon de solde	56	2.900	50	3.900	4.915	3.900	2.900	3.900	2.900	3.900	1.300
Officier d'administration de 1re classe	3e échelon de solde	58	2.700	50	3.700	4.665	3.700	2.700	3.700	2.700	3.700	1.233
Officier de 1re classe des directions de travaux	2e échelon de solde	58	2.500	50	3.500	4.425	3.500	2.500	3.500	2.500	3.500	1.167
	1er échelon de solde		2.300	50	3 300	4.125	3.300	2.300	3.300	2.300	3.300	1.100

(1) Lieutenant de vaisseau du cadre de résidence fixe : limite d'âge à 58 ans.

GRADES.	LIMITE D'ÂGE.	PENSIONS DE RETRAITE POUR ANCIENNETÉ DE SERVICE. (Art. 9 de la loi du 18 avril 1831.)			PENSIONS DE RETRAITE POUR CAUSE DE BLESSURES OU INFIRMITÉS GRAVES OU INCURABLES. (Art. 12, 13, 14, 15, 16 et 17 de la loi du 18 avril 1831.)						PENSIONS aux veuves. — Secours annuels aux orphelins.
		Minimum à 25 ans ou 30 ans de service effectif, suivant le corps.	Accroissement pour chaque année du service effectif au delà de 25 ans ou 30 ans suivant le corps et pour chaque année résultant de la supputation des campagnes.	Maximum à 45 ans ou 50 ans de service suivant le corps, campagnes comprises.	AMPUTATION de deux membres ou perte totale de la vue — PENSION FIXE quelle que soit la durée des services 20 0/0 en sus du maximum.	AMPUTATION d'un membre ou perte absolue de l'usage de deux membres. — PENSION FIXE quelle que soit la durée des services.	BLESSURES OU INFIRMITÉS graves qui occasionnent la perte absolue de l'usage d'un membre ou qui y sont équivalentes. (Art. 16 de la loi du 18 avril 1831.) — PENSION VARIABLE. Minimum augmenté de l'accroissement prévu pour chaque année de service ou de campagne jusqu'au maximum. Minimum.	Maximum.	BLESSURES OU INFIRMITÉS moins graves qui mettent dans l'impossibilité de rester au service avant d'avoir accompli les 25 ou 30 ans exigés pour le droit à la pension d'ancienneté. (Art. 17 de la loi du 18 avril 1831.) — PENSION VARIABLE. Minimum augmenté de l'accroissement prévu pour chaque année de service au delà de 25 ou 30 ans jusqu'au maximum. (Les services effectifs cumulés avec les campagnes formant 25 ou 30 ans.) Minimum.	Maximum.	
		fr.	fr.	fr.	fr.	fr.	fr.	fr.	fr.	fr.	fr.
Enseigne de vaisseau de 1" classe............ 4e échelon de solde.	52	2.300	50	3.300	4.185	3.800	2.300	3.300	2.300	3.300	1.100
Chef de musique de 2e cl.	58										
Mécanicien princ. de 2e cl.	52										
Ingénieur de 2e classe du génie maritime.......	56	2.150	50	3.150	4.005	3.150	2.150	3.150	2.150	3.150	1.050
Ingénieur de 2e classe d'artillerie navale..... 3e échelon de solde.	52										
Ingénieur hydrographe de 2e classe...........	56										
Commissaire de 2e classe. 2e échelon de solde.	56	2.000	50	3.000	3.825	3.000	2.000	3.000	2.000	3 000	1.000
Médecin et pharmacien de 2e classe..........	52										
Administrateur de 2e cl. de l'inscript. maritime	56										
Officier d'admin. de 2e cl.	56										
Officier de 2e classe des directions de travaux. 1er échelon de solde.	56	1.850	50	2.850	3.645	2.850	1.850	2.850	1.850	2.850	950
Enseigne de vaisseau de 2e classe.............. 2e échelon de solde.	»	1.800	50	2.800	3.585	2.800	1.800	2.800	1.800	2.800	933
Ingénieur de 3e classe du génie maritime.......	»										
Ingénieur hydrographe de 3e classe...........	»										
Commissaire de 3e cl...	»										
Médecin et pharmacien de 3e classe..........	»										
Administrateur de 3e cl. de l'inscript. maritime	»										
Officier d'admin. de 3e cl.	56										
Officier de 3e classe des directions de travaux. 1er échelon de solde.	56	1.500	40	2.300	2.985	2.300	1.500	2.300	1.500	2.300	767

GRADES		LIMITE D'AGE	PENSIONS DE RETRAITE POUR ANCIENNETÉ DE SERVICE. (Art. 9 de la loi du 18 avril 1831.) Minimum à 25 ans ou 30 ans de service effectif, suivant le corps.	Accroissement pour chaque année de service effectif au delà de 25 ans ou 30 ans suivant le corps et pour chaque année résultant de la supputation des campagnes.	Maximum à 45 ans ou 50 ans de service suivant le corps, campagnes comprises.	AMPUTATION de deux membres ou perte totale de la vue. — PENSION FIXE quelle que soit la durée des services. 20 0/0 ou sus du maximum.	AMPUTATION d'un membre ou perte absolue de l'usage de deux membres — PENSION FIXE quelle que soit la durée des services.	BLESSURES OU INFIRMITÉS graves qui occasionnent la perte absolue de l'usage d'un membre ou qui y sont équivalentes. (Art. 16 de la loi du 18 avril 1831.) — PENSION VARIABLE. Minimum augmenté de l'accroissement prévu pour chaque année de service ou de campagne jusqu'au maximum. Minimum.	Maximum.	BLESSURES OU INFIRMITÉS moins graves qui mettent dans l'impossibilité de rester au service avant d'avoir accompli les 25 ou 30 ans exigés pour le droit à la pension d'ancienneté. (Art. 17 de la loi du 18 avril 1831.) — PENSION VARIABLE. Minimum augmenté de l'accroissement prévu pour chaque année de service au-delà de 25 ou 30 ans jusqu'au maximum. (Les services effectifs cumulés avec les campagnes formant 25 ou 30 ans.) Minimum.	Maximum.	PENSIONS aux veuves. — Secours annuels aux orphelins.
			fr.	fr.	fr.	fr.	fr.	fr.	fr.	fr.	fr.	fr.
Officier principal des équipages de la flotte		56	3.000	50	4.000	5.025	4.000	3.000	4.000	3.000	4.000	1.333
Officier de 1re classe des équipages de la flotte		56	2.700	50	3.700	4.665	3.700	2.700	3.700	2.700	3.700	1.233
Officier de 2e classe des équipages de la flotte		54	2.500	50	3.500	4.425	3.500	2.500	3.500	2.500	3.500	1.167
Officier de 3e classe des équipages de la flotte		54	2.300	50	3.300	4.185	3.300	2.300	3.300	2.300	3.300	1.100
Officier de 4e classe des équipages de la flotte		54	1.800	50	2.800	3.585	2.800	1.800	2.800	1.800	2.800	933
Aspirant de marine / Élève commissaire / Élève administrateur de l'inscription maritime		»	1.400	30	2.000	2.625	2.000	1.400	2.000	1.400	2.000	767
2e SECTION.												
Professeur de l'Ecole navale et professeur d'électricité à l'Ecole des officiers torpilleurs	1re classe.	60	3.700	65	5.000	6.000	5.000	3.700	5.000	3.700	5.000	1.667
	2e classe.	58	3.000	50	4.000	4.800	4.000	3.000	4.000	3.000	4.000	1.333
	3e classe.	56	2.300	50	3.300	3.960	3.300	2.300	3.300	2.300	3.300	1.100
Professeur de l'Ecole des mousses	1re classe.	60	3.700	40	4.500	5.400	4.500	3.700	4.500	3.700	4.500	1.500
	2e classe.	58	2.800	35	3.000	3.600	3.000	2.300	3.000	2.300	3.000	1.000
	3e classe.	56	1.700	30	2.300	2.760	2.300	1.700	2.300	1.700	2.300	767
Professeur de dessin aux écoles techniques		»	1.700	30	2.300	2.760	2.300	1.700	2.300	1.700	2.300	767
Trésorier général des invalides de la marine		70	6.000	60	7.200	8.640	7.200	6.000	7.200	6.000	7.200	2.400
Trésorier de 1re classe des invalides de la marine		65	3.000	50	4.000	4.800	4.000	3.000	4.000	3.000	4.000	1.333
Trésorier de 2e classe des invalides de la marine		65	2.300	50	3.300	3.960	3.300	2.300	3.300	2.300	3.300	1.100

ETAT **B** *fixant le tarif des pensions des agents civils des Services administratifs et des Directions de travaux de la Marine.*

GRADES.	LIMITE D'AGE.	PENSIONS DE RETRAITE POUR ANCIENNETÉ DE SERVICE. (Art. 9 de la loi du 18 avril 1831.)			PENSIONS DE RETRAITE POUR CAUSE DE BLESSURES OU INFIRMITÉS GRAVES OU INCURABLES. (Art. 12, 13, 14, 15, 16 et 17 de la loi du 18 avril 1831.)							PENSIONS aux VEUVES. — Secours annuels aux orphelins.
		Minimum à 25 ans ou 30 ans de service effectif.	Accroissement pour chaque année de service effectif au delà de 25 ans ou 30 ans et pour chaque année résultant de la supputation des campagnes.	Maximum à 45 ans ou 50 ans de service, campagnes comprises.	Amputation de deux membres ou perte totale de la vue. — Pension fixe quelle que soit la durée des services.	Amputation d'un membre ou perte absolue de l'usage de l'usage de deux membres. — Pension fixe quelle que soit la durée des services.	BLESSURES OU INFIRMITÉS GRAVES qui occasionnent la perte absolue de l'usage d'un membre ou qui y sont équivalentes. (Art. 16 de la loi du 18 avril 1831.) PENSION VARIABLE. Minimum augmenté de l'accroissement prévu pour chaque année de service ou de campagne jusqu'au maximum.		BLESSURES OU INFIRMITÉS MOINS GRAVES qui mettent dans l'impossibilité de rester au service avant d'avoir accompli les 25 ou 30 ans exigés pour le droit à la pension d'ancienneté. (Art. 17 de la loi du 18 avril 1831.) PENSION VARIABLE Minimum augmenté de l'accroissement prévu pour chaque année de service au delà de 25 ou 30 ans jusqu'au maximum. (Les services effectifs cumulés avec les campagnes formant 25 ou 30 ans.)		
							Minimum.	Maximum.	Minimum.	Maximum.	
		fr.	fr.	fr.	fr.	fr.	fr.	fr.	fr.	fr.	fr.
Commis principal de 1re classe des services administratifs.......... Agent technique princip. de 1re cl..	56	2.100	40	2.900	3.480 (a)	2.900	2.100	2.900	2.100	2.900	967
Commis principal de 2e classe des services administratifs.......... Agent technique princip. de 2e cl..	56	1.900	40	2.700	3.240 (a)	2.700	1.900	2.700	1.900	2.700	900
Commis principal de 3e classe des services administratifs .... Agent techique princip. de 3e cl....	56	1.700	40	2.500	3.000 (a)	2.500	1.700	2.500	1.700	2.500	833
Commis de 1re classe des services administratifs.................. Agent technique de 1re classe.....	56	1.350	30	1.950	2.535 (b)	1.950	1.350	1.950	1.350	1.950	767
Commis de 2e classe des services administratifs................ Commis de 3e classe des services administratifs.................. Commis de 4e classe des services administratifs................. Agent technique de 2e et de 3e cl..	56	1.310	30	1.910	2.483 (b)	1.910	1.310	1.910	1.310	1.910	767

(a) 20 °/₀ en sus du maximum.

(b) 30 °/₀ en sus du maximum.

ETAT C fixant le tarif des pensions du personnel des gardes-consignes,

des pompiers de la Marine et des surveillants des prisons maritimes.

GRADES	LIMITE D'AGE.	PENSIONS DE RETRAITE POUR ANCIENNETÉ DE SERVICE. (Art. 9 de la loi du 18 avril 1831.)			PENSIONS DE RETRAITE POUR CAUSE DE BLESSURES OU INFIRMITÉS GRAVES OU INCURABLES. (Art. 12, 13, 14, 15, 16 et 17 de la loi du 18 avril 1831.)						PENSIONS aux VEUVES. — Secours annuels aux orphelins.
		Minimum à 25 ans ou 30 ans de service effectif.	Accroissement pour chaque année de service effectif au delà de 25 ans ou 30 ans et pour chaque année résultant de la supputation des campagnes.	Maximum à 45 ans ou 50 ans de service, campagnes comprises.	Amputation de deux membres ou perte totale de la vue. — Pension fixe quelle que soit la durée des services. 30 0/0 en sus du maximum.	Amputation d'un membre ou perte absolue de l'usage de deux membres. — Pension fixe quelle que soit la durée des services.	Blessures ou infirmités graves qui occasionnent la perte absolue de l'usage d'un membre ou qui y sont équivalentes. (Art. 16 de la loi du 18 avril 1831.) — Pension variable. Minimum augmenté de l'accroissement prévu pour chaque année de service ou de campagne jusqu'au maximum. Minimum.	Maximum.	Blessures ou infirmités moins graves qui mettent dans l'impossibilité de rester au service avant d'avoir accompli les 25 ou 30 ans exigés pour le droit à la pension d'ancienneté. (Art. 17 de la loi du 18 avril 1831.) — Pension variable. Minimum augmenté de l'accroissement prévu pour chaque année de service au delà de 25 ou 30 ans jusqu'au maximum. (Les services effectifs cumulés avec les campagnes formant 25 ou 30 ans.) Minimum.	Maximum.	
		fr.	fr.	fr.	fr.	fr.	fr.	fr.	fr.	fr.	fr.
Gardes-consignes majors chefs....	55										
Premiers maîtres pompiers........	50	1.360	30	1.960	2.548	1.960	1.360	1.960	1.360	1.930	707
Surveillants principaux des prisons maritimes....................	55										
Gardes-consignes majors..........	55										
Maîtres pompiers.................	50	1.180	13	1.440	1.872	1.440	1.180	1.410	1.180	1.440	720
Surveillants chefs des prisons maritimes....................	55										
Gardes-consignes	55										
Seconds maîtres pompiers	50	900	13	1.160	1.508	1.160	900	1.160	900	1.160	580
Surveillants des prisons maritimes.	35										

Les fixations du présent tarif sont augmentées d'un cinquième dans le cas prévu à l'article 11 de la loi du 18 avril 1831.

ÈTAT **D** *fixant le tarif des pensions du personnel militaire des établissements pénitentiaires coloniaux.*

GRADES.	PENSIONS DE RETRAITE POUR ANCIENNETÉ DE SERVICE. (Art. 9 de la loi du 18 avril 1831.)			PENSIONS DE RETRAITE POUR CAUSE DE BLESSURES OU INFIRMITÉS GRAVES OU INCURABLES. (Art. 12, 13, 14, 15, 16 et 17 de la loi du 18 avril 1831.)						PENSIONS aux VEUVES. — Secours annuels AUX orphelins.
	Minimum à 25 ans de service effectif.	Accroissement pour chaque année de service effectif au delà de 25 ans et pour chaque année résultant de la supputation des campagnes.	Maximum à 45 ans de service, campagnes comprises.	Amputation de deux membres ou perte totale de la vue. — Pension fixe quelle que soit la durée des services.	Amputation d'un membre ou perte absolue de l'usage de deux membres. — Pension fixe quelle que soit la durée des services.	Blessures ou infirmités graves qui occasionnent la perte absolue de l'usage d'un membre ou qui y sont équivalentes. (Art. 16 de la loi du 18 avril 1831.) — PENSION VARIABLE. Minimum augmenté de l'accroissement prévu pour chaque année de service ou de campagne jusqu'au maximum.		Blessures ou infirmités moins graves qui mettent dans l'impossibilité de rester au service avant d'avoir accompli les 25 ans exigés pour le droit à la pension d'ancienneté. (Art. 17 de la loi du 18 avril 1831.) — PENSION VARIABLE. Minimum augmenté de l'accroissement prévu pour chaque année de service au delà de 25 ans jusqu'au maximum. (Les services effectifs cumulés avec les campagnes formant 25 ans.)		
						Minimum.	Maximum.	Minimum.	Maximum.	
	fr.	fr.	fr.	fr.	fr.	fr.	fr.	fr.	fr.	fr.
Surveillant principal....................	1.850	40	2.650	3.180 (a)	2.650	1.850	2.650	1 850	2.650	883
Surveillant chef.......................	1.410	30	2.010	2.618 (b)	2.010	1.410	2.010	1.410	2.010	767
Surveillant de 1re classe................	1.300	30	1.900	2.470 (b)	1.900	1.300	1.900	1.300	1 900	767
Surveillant de 2e classe................	1.230	25	1.730	2.249 (b)	1.730	1.230	1.730	1.230	1.730	767
Surveillant de 3e classe................	950	20	1.350	1.755 (b)	1.350	950	1.350	950	1.350	675

(a) 20 %, en sus du maximum. — (b) 30 %, en sus du maximum. — Les fixations du présent tarif sont augmentées de 1 cinquième dans le cas prévu à l'article 11 de la loi du 18 avril 1831.

Décret portant fixation des pensions de retraite des fonctionnaires, employés et agents du service colonial.

21 mai 1880.

Le Président de la République française,

Sur le rapport du Ministre de la marine et des colonies;

Vu les décrets en date des 12 juin et 15 septembre 1851, 19 janvier 1856, 23 décembre 1857, 24 août 1870, 18 novembre 1872, 27 avril et 6 décembre 1878;

Vu les lois des 26 juin 1861 et 28 juin 1862;

Vu l'article 14 de la loi du 5 août 1879,

DÉCRÈTE :

Art. 1er. Les pensions des fonctionnaires, employés et agents du service colonial auxquels il y a lieu d'appliquer les tarifs de la loi du 5 août 1879, sont réglées conformément au tableau annexé au présent décret.

Art. 2. Dans aucun cas le bénéfice du cinquième en sus, pour douze ans de service dans le dernier grade, tel qu'il est prévu par la première section du tarif n° 2 de la loi du 5 août 1879, n'est accordé au personnel colonial auquel ce tarif est applicable.

Art. 3. Le Ministre de la marine et des colonies est chargé de l'exécution du présent décret.

TABLEAU annexe au décret du 21 mai 1880 pour la fixation des pensions de retraite des fonctionnaires et agents du service colonial, en exécution de l'article 14 de la loi du 5 août 1879.

DÉSIGNATION DES EMPLOIS.	DÉSIGNATION DU GRADE servant de base A LA FIXATION DE LA PENSION.
1° Gouvernement.	
Gouverneur de colonies	Commissaire général de la marine.
Commandant de colonies. — Tahiti	Commissaire de la marine.
Commandant de colonies. — Autres colonies	Commissaire de la marine.
Chef de service. — Chandernagor et Karikal	Commissaire de la marine.
Chef de service. — Mahé et Yanaon	Commissaire adjoint de la marine.
Commandant d'arrondissement (Sénégal)	Commissaire adjoint de la marine.
Directeur des affaires politiques (Sénégal)	Commissaire adjoint de la marine.
Commandant de cercle. — de 1re et de 2e classe	Sous-commissaire de la marine.
Commandant de cercle. — de 3e classe	Aide-commissaire de la marine.
Commandant de circonscription (Nouvelle-Calédonie). — de 1re classe	Sous-commissaire de la marine.
Commandant de circonscription (Nouvelle-Calédonie). — de 2e classe	Aide-commissaire de la marine.
Résident des postes secondaires	Sous-commissaire de la marine.
Commissaire command' de quartier (Guyane). — de 1re et de 2e classe	Commis de marine.
Commissaire command' de quartier (Guyane). — de 3e classe	Écrivain des divers services à 600 fr. et au-dessus.
Secrétaire archiviste des conseils privés ou d'administration au — traitement d'Europe de 3.000 fr. et au-dessus	Sous-commissaire de la marine.
Secrétaire archiviste des conseils privés ou d'administration au — traitement d'Europe de 2.000 à 2.999 fr.	Sous-commissaire de la marine.
Secrétaire archiviste des conseils privés ou d'administration au — traitement d'Europe inférieur à 2.000 fr.	Aide-commissaire de la marine.
2° Culte.	
Ecclésiastique, pasteur et ministre protestant au — traitement d'Europe de 4.000 fr. et au-dessus	Commissaire de la marine.
Ecclésiastique, pasteur et ministre protestant au — traitement d'Europe de 3.000 à 3.999 fr.	Commissaire adjoint de la marine.
Ecclésiastique, pasteur et ministre protestant au — traitement d'Europe de 2.000 à 2.999 fr.	Sous-commissaire de la marine.
Ecclésiastique, pasteur et ministre protestant au — traitement d'Europe inférieur à 2.000 fr.	Aide-commissaire de la marine.
3° Direction de l'intérieur.	
Directeur de l'intérieur aux colonies	Commissaire de la marine.
Chef du service de l'intérieur au Sénégal	Commissaire adjoint de la marine.
Secrétaire général	Commissaire adjoint de la marine.
Chef de bureau. — de 1re classe	Commissaire adjoint de la marine.
Chef de bureau. — de 2e classe	Sous-commissaire de la marine.
Sous-chef de bureau. — de 1re classe	Sous-commissaire de la marine.
Sous-chef de bureau. — de 2e classe	Aide-commissaire de la marine.
Sous-chef de service (au Sénégal)	Sous-commissaire de la marine.
Commis de l'intérieur	Commis de marine.
Écrivain de l'intérieur	Écrivain des divers services à 600 fr. et au-dessus.
Secrétaire des archives de l'intérieur (Cochinchine)	Aide-commissaire de la marine.

DÉSIGNATION DES EMPLOIS.	DÉSIGNATION DU GRADE servant de base A LA FIXATION DE LA PENSION.
4° *Immigration.*	
Chef de service............................	Commissaire adjoint de la marine.
Inspecteur...............................	Sous-commissaire de la marine.
Sous-inspecteur...........................	Sous-commissaire de la marine.
Commissaire d'immigration, chef de bureau........	Sous-commissaire de la marine.
Sous-chef d'immigration....................	Aide-commissaire de la marine.
Syndic.............. { de 1re et de 2e classe....	Commis de marine.
{ de 3e classe.............	Ecrivain des divers services à 600 fr. et au-dessus.
5° *Direction des affaires indigènes.*	
Inspecteur............................	Commissaire adjoint de la marine.
Administrateur........ { de 1re classe............	Commissaire adjoint de la marine.
{ de 2e classe............	Sous-commissaire de la marine.
{ de 3e classe............	Aide-commissaire de la marine.
Élève stagiaire............................	Élève commissaire de la marine.
1er commis..............................	Commis de marine.
Secrétaire............................	Commis de marine.
Secrétaire auxiliaire.......................	Ecrivain des divers services à 600 fr. et au-dessus.
6° *Service administratif des parquets.*	
Secrétaire général du parquet (Cochinchine)........	Aide-commissaire de la marine.
Chef du bureau du parquet général..............	Aide-commissaire de la marine.
Secrétaire rédacteur du parquet général...........	Commis de marine.
Secrétaire expéditionnaire du parquet général......	Ecrivain des divers services à 600 fr. et au-dessus.
Secrétaire de parquet et secrétaire expéditionnaire de première instance...........................	Ecrivain des divers services à 600 fr. et au-dessus.
7° *Administration pénitentiaire.*	
Directeur d'administration.....................	Commissaire de la marine.
Sous-directeur d'administration.................	Commissaire adjoint de la marine.
Commandant supérieur de pénitencier.............	Commissaire adjoint de la marine.
Commandant de pénitencier....................	Sous-commissaire de la marine.
Inspecteur des camps.......................	Sous-commissaire de la marine.
Caissier................................	Sous-commissaire de la marine.
Sous-caissier............................	Aide-commissaire de la marine.
Commis auxiliaire.........................	Commis de marine.
Instituteur..............................	Commis de marine.
Vétérinaire..............................	Commis de marine.
8° *Colonisation et culture, etc.*	
Directeur de station agronomique................	Sous-commissaire de la marine.
Directeur de jardin bo- { de 1re classe............	Sous-commissaire de la marine.
tanique............. { de 2e classe............	Sous-commissaire de la marine.
Sous-directeur de station agronomique...........	Sous-commissaire de la marine.
Botaniste agriculteur.......................	Aide-commissaire de la marine.
Directeur de travaux agricoles.................	Commis de marine.
Agent de colonisation.......................	Sous-commissaire de la marine.
Agent général de culture.....................	Commissaire adjoint de la marine.
Agent de culture...........................	Commis de marine.

DÉSIGNATION DES EMPLOIS.	DÉSIGNATION DU GRADE servant de base A LA FIXATION DE LA PENSION.
9o Subsistances. — Vivres. — Matériel.	
Garde-magasin principal.....................	Maitre principal de 2ᵉ classe.
Garde-magasin......... { de 1ᵉ classe............	Magasinier du corps des comptables de 1ʳᵉ classe.
do 2ᵉ classe............	Magasinier du corps des comptables de 2ᵉ classe.
Magasinier........... { de 1ʳᵉ et de 2ᵉ classe.....	Magasinier de 1ʳᵉ et de 2ᵉ classe.
do 3ᵉ et do 4ᵉ classe.....	Magasinier de 3ᵉ et de 4ᵉ classe.
Commis aux vivres..... { 1ᵉʳ commis	1ᵉʳ commis aux vivres.
2ᵉ commis.............	2ᵉ commis aux vivres.
10o Pilotage.	
Pilote-major.......................	Pilote breveté de 1ʳᵉ classe.
Pilote et matelot pilote. { de 1ʳᵉ et de 2ᵉ classe......	Pilote breveté de 2ᵉ classe.
de 3ᵉ classe............	Pilote breveté de 3ᵉ classe.
do 4ᵉ et de 5ᵉ classe......	Matelot.
Personnel des barges et { Patron de barge..........	Quartier-maitre.
embarcations........ Canotier.................	Matelot.
11o Service hospitalier.	
Infirmier-chef....................	Maitre infirmier.
Infirmier major........ { de 1ʳᵉ classe............	Second maitre infirmier.
de 2ᵉ classe............	Quartier-maitre infirmier.
Infirmier ordinaire de 1ʳᵉ et de 2ᵉ classe..........	Matelot infirmier.
12o Imprimerie.	
Chef d'imprimerie...... { de 1ʳᵉ classe............	Sous-commissaire de la marine.
de 2ᵉ classe............	Aide-commissaire de la marine.
Ouvrier .... { do 1ʳᵉ et de 2ᵉ classe......	Maitre entretenu do 1ʳᵉ et de 2ᵉ cl.
do 3ᵉ et de 4ᵉ classe......	Chef contremaitre.
de 5ᵉ classe............	Contremaitre.
de 6ᵉ classe............	Chef ouvrier.
de 7ᵉ classe............	Ouvrier.
13o Interprètes.	
Interprète principal.... { de 1ʳᵉ classe............	Sous-commissaire de la marine.
de 2ᵉ classe............	Aide-commissaire de la marine.
Interprète ordinaire.... { de 1ʳᵉ et de 2ᵉ classe.....	Commis de marine.
do 3ᵉ classe............	Ecrivain des divers services de 600 fr. et au-dessus.
de 4ᵉ classe............	Ecrivain des divers services au-dessous de 600 fr.
Secrétaire interprète.....................	Commis de marine.
Rédacteur d'arabe.....................	Commis de marine.
14o Ouvriers.	
Ouvriers de diverses professions........ { traitement d'Europe de 1.600 à 2.000 fr........	Chef contremaitre.
traitement d'Europe de 1.200 à 1.599 fr........	Contremaitre.
traitement d'Europe de 1.000 à 1.199 fr........	Chef ouvrier.
traitement d'Europe de 700 à 999 fr.............	Ouvrier.

Loi concernant les pensions de retraite du personnel non officier de la marine.

8 août 1883.

Le Sénat et la Chambre des députés ont adopté ;

Le Président de la République promulgue la loi dont la teneur suit :

Art. 1er. Les pensions de retraite du personnel non officier de la marine sont fixées conformément au tarif annexé à la présente loi.

Art. 2. Les pensions fixées par la présente loi seront liquidées sur le grade dont les ayants droit sont titulaires depuis deux ans au moins, sauf le cas de retraite d'office.

Elles se cumulent avec les traitements des emplois civils dont les titulaires pourraient être pourvus.

Art. 3. Le bénéfice de l'article 11 de la loi du 18 avril 1831 est conservé aux officiers mariniers, marins ou assimilés, mais sous la condition que les douze années d'activité aient été accomplies dans les grades qui figurent à la première section du tarif annexé à la présente loi.

Art. 4. Le personnel compris dans le tarif ci-annexé restera, pendant cinq années. après sa mise à la retraite, à la disposition du Ministre de la marine pour le service de la flotte et des arsenaux.

Art. 5. Les dispositions de la présente loi sont applicables à toutes les pensions non encore liquidées au moment de sa promulgation. Néanmoins, le bénéfice de la législation antérieure reste acquis aux officiers mariniers ou autres actuellement admis à faire valoir leurs droits à la retraite et qui ne réuniraient pas une des deux conditions exigées par la présente loi.

La présente loi, délibérée et adoptée par le Sénat et par la Chambre des députés, sera exécutée comme loi de l'Etat.

Fait à Mont-sous-Vaudrey, le 8 août 1883.

Signé : Jules GRÉVY.

Par le Président de la République :

*Le Ministre de la marine
et des colonies,*
Signé : Ch. Brun.

Le Ministre des finances,
Signé : P. Tirard.

*TARIF annexé à la loi concernant les pensions de retraite
du personnel non officier de la marine.*

GRADES.	PENSIONS DE RETRAITE POUR ANCIENNETÉ DE SERVICE. (Art. 9 de la loi du 18 avril 1831.)		
	Minimum à 25 ou 30 ans de service effectif, suivant le corps.	Accroissement pour chaque année de service effectif au delà de 25 ou 30 ans, suivant le corps, et pour chaque année résultant de la supputation des campagnes.	Maximum à 45 ou 50 ans de service, suivant le corps, campagnes comprises.
	fr.	fr. c.	fr.
TARIF.			
Ire SECTION.			
Premier maître mécanicien...............			
Pilote breveté de 1re classe...............			
Fourrier chef de 1re classe...............			
Chef pompier........................	1.310	30 00	1.910
Surveillant chef des établissements pénitentiaires.....................			
Surveillant principal des prisons maritimes			
Surveillant de 1re classe des établissements pénitentiaires....................	1.200	20 00	1.600
Adjudant sous-officier des chiourmes.....			
Premier maître de toutes professions.....			
Pilote breveté de 2e classe...............			
Fourrier chef de 2e classe...............			
Sous-chef de musique des divisions.......	1.145	15 00	1.445
Chef armurier.......................			
Sous-professeur à l'École des mousses....			
Capitaines d'armes de 1re et de 2e classe..			
Maître de toutes professions.............			
Chef de musique de bord................			
Pilote ou capitaine de rivière (Sénégal) de 1re et de 2e classe...................			
Surveillant de 2e classe des établissements pénitentiaires.....................			
Surveillant chef des prisons maritimes....	1.130	13 00	1.390
Garde-consigne major..................			
Pilote côtier........................			
Sergent-major des équipages de la flotte..			
Premier commis aux vivres..............			
Magasinier de 1re et de 2e classe........			
Infirmier chef.......................			
Sous-adjudant des chiourmes............			
Seconds maîtres de toutes professions....			
Pilote breveté de 3e classe...............			
Second chef de musique de bord..........	850	13 00	1.110
Maîtres tambour, clairon, tailleur........			
Pilote ou capitaine de rivière (Sénégal) de 3e et de 4e classe....................			

GRADES.	PENSIONS DE RETRAITE POUR ANCIENNETÉ DE SERVICE. (Art. 9 de la loi du 18 avril 1831).		
	Minimum à 25 ou 30 ans de service effectif, suivant le corps.	Accroissement pour chaque année de service effectif au delà de 25 ou 30 ans, suivant le corps, et pour chaque année résultant de la supputation des campagnes.	Maximum à 45 ou 50 ans de service, suivant le corps, campagnes comprises.
	fr.	fr. c.	fr.
Sergent pompier..............................			
Surveill. de 3e cl. des établiss. pénitentiaires			
Surveillant des prisons maritimes.......			
Garde-consigne.............................			
Contremaître mécanicien..................			
Sergent d'armes...........................	850	13 00	1.110
Sergent fourrier...........................			
Forgeron et chaudronnier embarquant...			
Deuxième commis aux vivres.............			
Magasinier de 3e et de 4e classe..........			
Infirmier-major de 1re classe.............			
Quartier-maître de toutes professions.....			
Élève mécanicien..			
Élève pilote et gourmet (Sénégal) de 1re et de 2e classe.........................			
Agent de service embarquant.............			
Caporal pompier...........................			
Garde-consigne ambulant..................	700	10 00	900
Caporal d'armes...........................			
Caporal fourrier...........................			
Distributeur, tonnelier, boulanger et coq embarquant..............................			
Infirmier-major de 2e classe..............			
Ouvrier mécanicien et armurier embarquant			
Fourrier ordinaire.........................			
Matelot de toutes professions..............			
Musicien des équipages de la flotte.......			
Apprenti marin, novice et mousse........	600	7 50	750
Lapto de pont.....			
Pompier ordinaire.........................			
Ouvrier chauffeur.........................			
Infirmier ordinaire........................			
Commis de marine (ancienne formation)..			
Maître et conducteur entretenu de 1re, de 2e et de 3e classe........................	1.350	30 00	1.950
Adjudant principal des mouvements du port de 2e et de 3e classe..............			
2e SECTION.			
Commis des divers services de 1re classe.			
Magasinier du corps des comptables de 1re cl.			
Jardinier botaniste de 1re et de 2e classe..	1.350	30 00	1.950
Gardien-chef de 1re classe................			
Commis des divers services de 2e et de 3e cl.	1.310	30 00	1.910

GRADES.	PENSIONS DE RETRAITE POUR ANCIENNETÉ DE SERVICE. (Art. 9 de la loi du 18 avril 1831.)		
	Minimum à 25 ou 30 ans de service effectif, suivant le corps.	Accroissement pour chaque année de service effectif au delà de 25 ou 30 ans, suivant le corps, et pour chaque année résultant de la supputation des campagnes.	Maximum à 45 ou 50 ans de service, suivant le corps, campagnes comprises.
	fr.	fr. c.	fr.
Magasinier du corps des comptables de 2 et de 3ᵉ classe.......................... Professeur adjoint des écoles élémentaires d'apprentis............................ Agent de surveillance générale de 1ʳᵉ classe	1.310	30 00	1.910
Jardinier botaniste de 3ᵉ classe.......... Gardien chef de 2ᵉ classe................ Chef contremaître....................... Inspecteur des pêches................... Gardien-major..........................	1.130	13 00	1.390
Écrivains des divers services à 600 francs et au-dessus........................ Distributeur et préposé de dépôt......... Directrice et sous-directrice de l'école des filles de la salle d'asile d'Indret......... Contremaître........................... Agent de surveillance générale de 2ᵉ classe.	850	13 00	1.110
Chef guetteur.......................... Syndic de 1ʳᵉ et de 2ᵉ classe............. Gardien-concierge...................... Portier-consigne........................ Chef de section et chef d'escouade de gar- diens de vaisseau................... Aide-contremaître et chef ouvrier........ Patron de canot ou d'embarcation......... Guetteur de 1ʳᵉ classe................... Syndic de 3ᵉ classe..................... Garde maritime de 1ʳᵉ classe............. Gardien-portier........................ Écrivains au-dessous de 600 francs....... Gardien ambulant....................... Sous-chef d'escouade et gabier de port....	700	10 00	900
Ouvrier et chef journalier............... Gardien des divers services.............. Agents inférieurs des hôpitaux.......... Guetteur de 2ᵉ classe................... Garde maritime de 2ᵉ classe............. Gardien de vaisseau.................... Brigadier d'embarcation, canotier........ Chaloupier et gabarier..................	600	7 50	750
Journalier et apprenti...................	580	7 50	730

Extrait de la loi du 21 mars 1885, portant fixation du budget des dépenses de l'exercice 1885.

. . . .

Art. 9. A partir du 1ᵉʳ janvier 1886, seront placés sous le régime de la loi du 9 juin 1853 et du règlement d'administration publique du 9 novembre suivant sur le service des pensions civiles les fonctionnaires et employés de l'administration centrale du ministère de la marine et ceux des colonies retraités d'après la loi du 9 juin 1853.

Ceux des fonctionnaires ou employés de ladite administration centrale qui seront en **exercice** au 1ᵉʳ janvier 1886 auront la faculté d'opter, en fin de carrière, entre le régime du décret du 2 février 1808 et celui de la loi du 9 juin 1853 ou toute loi qui la modifierait.

Ceux qui opteront pour ce dernier régime seront retraités, pour les services postérieurs au 1ᵉʳ janvier 1886, d'après les dispositions de la loi du 9 juin 1853 ou de toute autre loi qui la modifierait, et, pour les services antérieurs, conformément au décret du 2 février 1808, sans que les maxima déterminés par la loi précitée puissent être dépassés.

Les veuves ou orphelins dont les maris ou auteurs, retraités en vertu du décret du 2 février 1808, décéderont après le 31 décembre 1885, auront également la faculté d'opter entre l'application dudit décret et celle de la loi du 9 juin 1853 ou de toute autre loi qui la modifierait.

Art. 10. Les services accomplis tant dans l'administration centrale du ministère de la marine et des colonies que dans les administrations civiles des colonies indiquées à l'article précédent seront dorénavant admis, dans la liquidation des pensions sur le Trésor public, au même titre que les autres services rendus à l'Etat.

. . . .

Extrait de la loi du 22 mars 1885, loi concernant le budget des dépenses sur ressources extraordinaires de l'exercice 1885.

. . . .

Art. 9. A partir du 1er janvier 1886, la caisse des invalides cessera d'être chargée du service des pensions militaires de l'armée de mer, ainsi que de celles du personnel civil du Département de la marine et des colonies.

Art. 10. Ces pensions seront soumises, en ce qui concerne la liquidation, l'inscription, l'ordonnancement et la mise en payement, à toutes les prescriptions relatives :

Aux pensions militaires de l'armée de terre, pour celles des lois des 11 et 18 avril 1831 ;

Aux pensions civiles, pour celles de la loi du 9 juin 1853.

Toutefois, les pensionnaires qui figurent sur les matricules de l'inscription maritime, ainsi que les veuves et orphelins d'inscrits maritimes, pourront être payés sur certificats de vie délivrés, sans frais, par les syndics des gens de mer.

Art. 11. Seront portées en recette au budget de l'Etat, à partir du 1er janvier 1886 :

1° Les retenues de 5 et de 3 p. 100 exercées sur la solde et les accessoires de solde du personnel de la marine et des colonies, en vertu des lois de pensions militaires ;

2° Les retenues sur traitement, exercées en vertu de la loi du 9 juin 1853 sur le service des pensions civiles.

La subvention qui pourra être nécessaire pour assurer le service de la caisse des invalides et gens de mer sera inscrite au budget du Département de la marine et des colonies.

. . . .

Extrait de la loi de finances du 26 février 1887.

. . . .

Art. 24. A partir du 1er avril 1887, les pensions auxquelles les agents du service actif des douanes, jusqu'au grade de capitaine inclusivement, ont droit en vertu et dans les conditions de la loi du 9 juin 1853, seront liquidées en prenant pour base les tarifs applicables à la gendarmerie.

Dans les cas prévus par le paragraphe 1er de l'article 11 de la loi du 9 juin 1853, la pension ne pourra être inférieure au minimum attribué, pour vingt-cinq ans de service, au grade correspondant par la loi militaire.

Dans le cas prévu par le paragraphe 2 du même article, la pension ne pourra être inférieure aux trois quarts de ce minimum.

Les pensions liquidées par application du présent article ne pourront, dans aucun cas, dépasser les trois quarts du traitement afférent au grade obtenu depuis deux ans au moins.

Les pensions des veuves et les secours aux orphelins seront égaux au tiers de ce maximum ; ils seront de la moitié dans les cas mentionnés au paragraphe 1er, et des deux cinquièmes dans le cas du deuxième paragraphe de l'article 14 de la loi du 9 juin 1853.

Un règlement d'administration publique déterminera les conditions d'application du présent article.

. . . .

____

*Décret relatif aux pensions des agents du service actif
des douanes.*

26 juillet 1887.

Le Président de la République française,

Sur le rapport du président du conseil, Ministre des finances

Vu l'article 24 de la loi de finances du 26 février 1887, ainsi conçu :

« A partir du 1er avril 1887, les pensions auxquelles les agents du service actif des douanes, jusqu'au grade de capitaine inclusivement, ont droit en vertu et dans les conditions de la loi du 9 juin 1853, seront liquidées en prenant pour base les tarifs-applicables à la gendarmerie. Dans les cas prévus par le paragraphe 1er de l'article 11 de la loi du 9 juin 1853, la pension ne pourra être inférieure au minimum attribué, pour vingt-cinq ans de service, au grade correspondant par la loi militaire. Dans le cas prévu par le paragraphe 2 du même article, la pension ne pourra être inférieure aux trois quarts de ce minimum. Les pensions liquidées par application du présent article ne pourront, dans aucun cas, dépasser les trois quarts du traitement afférent au grade obtenu depuis deux ans au moins. Les pensions des veuves et les secours aux orphelins seront égaux au tiers de ce maximum ; ils seront de la moitié dans les cas mentionnés au paragraphe 1er et des deux cinquièmes dans le cas du deuxième paragraphe de l'article 14 de la loi du 9 juin 1853. Un règlement d'administration publique déterminera les conditions d'application du présent article » ;

Vu la loi du 9 juin 1853 sur les pensions civiles et le règlement d'administration publique du 9 novembre suivant ;

Vu les lois des 11 et 18 avril 1831, 18 août 1879 et 23 juillet 1881 sur les pensions militaires ;

Vu l'ordonnance du 20 janvier 1841, concernant les pensions de la gendarmerie ;

Vu le décret du 22 septembre 1882 réorganisant le corps militaire des douanes ;

Le Conseil d'Etat entendu,

Décrète :

Art. 1er. Les agents du service actif des douanes continuent à être placés sous le régime de la loi du 9 juin 1853 et à être régis par les dispositions de cette loi et du décret du 9 novembre suivant, sauf les modifications qui résultent de l'article 24 de la loi de finances du 26 février 1887 et du présent règlement.

Art. 2. L'article 24 de la loi de 1887 est applicable aux pensions non inscrites à la date du 1er avril 1887, en faveur, soit de ces agents, soit des veuves et orphelins de ceux qui, décédés en activité de service, se trouvaient dans les conditions voulues pour obtenir pension.

Toutefois, l'agent qui, déjà titulaire d'une pension concédée par application de la loi du 9 juin 1853 et remis en activité depuis le

1er avril 1887, réclamerait le bénéfice du dernier paragraphe de l'article 28 de ladite loi, ne pourra prétendre au nouveau mode de liquidation.

Art. 3. Les pensions concédées en vertu de la loi du 9 juin 1853 seront reversées conformément aux articles 13, 14 et 16 de cette loi.

Art. 4. Les assimilations que comporte l'application de l'article 24 de la loi du 26 février 1887 sont établies ainsi qu'il suit :

SERVICE DES DOUANES.	GENDARMERIE.
Capitaines de toutes classes.............	Capitaines.
Lieutenants de 1re et de 2e classe........	Lieutenants.
Lieutenants de 3° classe et sous-lieutenants.	Sous-lieutenants.
Brigadiers, patrons de 1re classe et gardes-magasins (anciens brigadiers)..........	Maréchaux des logis chefs.
Brigadiers et patrons de 2° classe........	Maréchaux des logis.
Sous-brigadiers et sous-patrons.........	Brigadiers.
Préposés et matelots, cavaliers et préposés d'ordonnance, préposés concierges, préposés emballeurs, préposés peseurs et plombeurs.......................	Gendarmes.

Les dispositions de l'ordonnance du 20 janvier 1841 relatives aux sous-officiers, brigadiers et caporaux admis dans la gendarmerie sont applicables au personnel des douanes.

Art. 5. Pour opérer la liquidation de la pension, il est fait un total des années de services effectifs, tant civils que militaires, si ces derniers n'ont pas été rémunérés par une pension. On ajoute à ce total les campagnes calculées de la même manière que celles des militaires des armées de terre ou de mer.

La majoration accordée aux militaires de la gendarmerie ne s'applique qu'aux années de service effectif dans la partie active de l'administration des douanes en sus de quinze ans de services militaires ou civils actifs dans cette administration.

Art. 6. La liquidation de la pension pour ancienneté ou infirmités est établie d'après le dernier grade dont l'agent est revêtu, s'il en est titulaire depuis deux ans ou s'il a occupé pendant une partie de ses deux dernières années d'activité un grade plus élevé que son grade final. Si l'agent ne remplit aucune de ces conditions, la pension est liquidée sur le pied du grade immédiatement inférieur.

Art. 7. Les pensions des agents du service actif des douanes, à titre d'ancienneté, d'accidents de service ou d'infirmités contractées dans l'exercice de leurs fonctions, sont liquidées sur les bases suivantes :

En ce qui concerne les agents assimilés aux officiers, à raison, pour chacune des trente premières années de service, d'un trentième du minimum de la pension militaire d'ancienneté afférente au grade militaire correspondant à leur assimilation, et, pour chacune des années suivantes, à raison d'un vingtième de la différence entre le minimum et le maximum de ladite pension militaire ;

En ce qui concerne les agents assimilés aux militaires de la gendarmerie, à raison, pour chacune des vingt-cinq premières années de service, d'un vingt-cinquième du minimum de la pension militaire d'ancienneté afférente au grade correspondant à leur assimilation, et à raison, pour chacune des années suivantes, d'un vingtième de la différence entre le minimum et le maximum de la pension militaire afférente audit grade ; les fixations ainsi obtenues sont majorées, pour chaque année de service postérieure à la quinzième, d'une annuité de 18 francs ou de 15 francs, selon que le grade d'assimilation équivaut ou non à celui de brigadier ou de sous-officier de la gendarmerie.

Art. 8. Les agents des douanes ne peuvent prétendre à une pension d'ancienneté liquidée d'après les tarifs militaires que s'ils comptent vingt-cinq ans au moins de services entièrement rendus dans l'armée ou dans la partie active des douanes, sans toutefois déroger aux prescriptions concernant la durée des services civils exigées par le paragraphe 1er de l'article 8 de la loi du 9 juin 1853.

Art. 9. Si des services civils sédentaires ou actifs s'ajoutent à cette période d'au moins vingt-cinq ans de services militaires ou actifs des douanes, ils seront liquidés également d'après les tarifs militaires, mais sans entrer dans le calcul de la majoration.

Art. 10. Les agents qui, comptant vingt-cinq ans de service actif des douanes, terminent leur carrière dans la partie sédentaire de cette administration, ont le droit d'opter pour la liquidation militaire, d'après leur dernier grade et leur dernier traitement dans la partie active, conformément aux articles 5, 6 et 7 ci-dessus, ou pour la liquidation civile, par application de la loi du 9 juin 1853.

Art. 11. Le décompte, tant des années de service que de la majoration, est établi en négligeant sur le résultat final les fractions de mois et de franc, conformément à l'article 23 de la loi du 9 juin 1853.

Art. 12. Le président du conseil, Ministre des finances, est chargé de l'exécution du présent décret, qui sera inséré au *Bulletin des lois* et publié au *Journal officiel*.

———

Extrait de la loi de finances du 26 décembre 1890.

. . . .

Art. 29. A partir du 1er janvier 1891, les principaux de collège ayant le pensionnat à leur compte ne subiront les retenues pour pensions civiles que sur le traitement attribué à la classe dans laquelle ils auront été rangés par décision ministérielle.

Cette disposition s'applique à tous les principaux de collège de cette catégorie, sans qu'il y ait lieu de faire une distinction au profit de ceux qui sont, en outre, professeurs ou chargés de cours.

Art. 30. Les institutrices des écoles facultatives de filles dans les communes de moins de 401 habitants et des écoles maternelles dans les communes de moins de 2.000 habitants ;

Les maîtres auxiliaires des écoles normales primaires et des écoles primaires supérieures qui, lors de la loi du 19 juillet 1889, étaient régulièrement nommés et comptaient cinq ans d'exercice et 35 ans d'âge, sont autorisés à continuer à verser des retenues à la caisse des pensions civiles, sur un traitement qui ne pourra dépasser celui dont ils jouissaient au 31 décembre 1889, pour conserver leurs droits à la retraite, conformément à la loi du 9 juin 1853.

. . . .

———

Extrait de la loi du 26 janvier 1892 portant fixation du budget des dépenses et des recettes de l'exercice 1892.

. . . .

Art. 51. Les crédits d'inscription ouverts au budget de chaque année, soit en vertu des dispositions de la loi de finances, soit par suite de l'extinction des pensions en cours, seront exclusivement affectés à l'inscription des pensions résultant d'admissions à la retraite ou de décès survenus au cours de cette même année.

Un règlement d'administration publique déterminera les mesures à prendre pour assurer l'affectation du crédit d'inscription de chaque année à l'inscription des pensions résultat d'admissions à la retraite, ou de décès survenus au cours de cette année, mais qui n'auraient pu être liquidées avant le 31 décembre.

. . . .

Loi qui rend les tarifs de la gendarmerie et des agents et préposés des douanes applicables à la liquidation des pensions des agents et préposés forestiers domaniaux ou mixtes soumis aux prescriptions des décrets des 22 septembre 1882 et 18 novembre 1890.

4 mai 1892.

Le Sénat et la Chambre des députés ont adopté ;

Le Président de la République promulgue la loi dont la teneur suit :

Article unique. A partir de la promulgation de la présente loi, les pensions auxquelles ont droit, en vertu et dans les conditions de la loi du 9 juin 1853, les inspecteurs adjoints, gardes généraux, gardes généraux stagiaires, brigadiers et gardes des forêts, soumis aux prescriptions des décrets des 22 septembre 1882 et 18 novembre 1890 sur l'organisation des chasseurs forestiers, sont liquidées en prenant pour base les tarifs applicables à la gendarmerie et les grades correspondants, conformément aux assimilations établies par les décrets précités.

Dans les cas prévus par le paragraphe 1er de l'article 11 de la loi du 9 juin 1853, la pension ne pourra être inférieure au minimum attribué pour vingt-cinq ans de service au grade correspondant par la loi militaire.

Dans le cas prévu par le paragraphe 2 du même article, la pension ne pourra être inférieure aux trois quarts de ce minimum.

Les pensions liquidées par application du présent article ne pourront dans aucun cas dépasser les trois quarts du traitement afférent au grade obtenu depuis deux ans au moins.

Les pensions des veuves et les secours aux orphelins seront égaux au tiers de ce maximum; ils seront de la moitié dans les cas mentionnés au paragraphe 1er, et des deux cinquièmes dans le cas du deuxième paragraphe de l'article 14 de la loi du 9 juin 1853.

Un règlement d'administration publique déterminera les conditions d'application de la présente loi.

La présente loi, délibérée et adoptée par le Sénat et par la Chambre des députés, sera exécutée comme loi de l'Etat.

Fait à Paris, le 4 mai 1892.

Signé : CARNOT.

Par le Président de la République :

Le Ministre des finances,
Signé : ROUVIER.

Le Ministre de l'agriculture,
Signé : Jules DEVELLE.

---

*Décret portant règlement d'administration publique
pour l'application de l'art. 51 de la loi du 26 janvier 1892.*

Fontainebleau, le 8 août 1892.

Le Président de la République française,

Sur le rapport du Ministre des finances;

Vu l'article 51 de la loi de finances du 26 janvier 1892 ;

Vu la loi du 9 juin 1853 sur les pensions civiles, et le règlement d'administration publique du 9 novembre suivant;

Le Conseil d'Etat entendu,

Décrète :

Art. 1er. Les inscriptions de pensions correspondant à des droits nés soit par suite d'admissions à la retraite, soit par suite de décès survenus pendant le cours de chaque année, peuvent être effectuées sur les crédits d'inscription de cette année jusqu'au 31 juillet de l'année suivante et en se conformant aux répartitions arrêtées ainsi qu'il est dit à l'article 5.

Les portions de crédits qui n'ont pas été employées à ladite époque par des inscriptions effectives sont annulées dans la comptabilité.

Art. 2. Les pensions correspondant à des droits nés pendant le fcours de chaque année, qui n'auraient pu être inscrites au 31 cuillet de l'année suivante, peuvent l'être, par voie de rappel et en ontinuant à se conformer aux répartitions arrêtées ainsi qu'il est dit à l'article 5, sur l'exercice courant, avant le 31 décembre, jusqu'à concurrence des portions de crédits annulées sur l'année de l'admission à la retraite ou du décès.

Art. 3. Au delà du montant des annulations, les pensions appartenant à un exercice clos ne peuvent être inscrites sur l'exercice courant qu'après l'ouverture d'un crédit supplémentaire spécial.

Ce crédit est ouvert en vertu d'un décret rendu comme il est dit à l'article 5, jusqu'à concurrence des extinctions nouvellement révélées, et en vertu d'une loi au delà de cette limite.

Art. 4. Les inscriptions qu'il y aurait lieu d'effectuer après l'expiration de la cinquième année qui suit celle de l'ouverture du droit ne peuvent l'être qu'en vertu de crédits législatifs extraordinaires.

Art. 5. Le Ministre des finances arrête chaque année, dans les premiers jours de janvier, l'état des extinctions réalisées dans le cours de l'année précédente et dont le montant sert de base pour la fixation du crédit d'inscription de l'année courante.

Un décret rendu sur le rapport du Ministre des finances, après avis de la section des finances du Conseil d'Etat, détermine :

1° La somme jusqu'à concurrence de laquelle ce crédit est employé; .

2° La portion afférente à chacun des Départements ministériels ;

3° La portion qui servira à constituer un fonds commun affecté à l'inscription des pensions de veuves et des secours annuels d'orphelins des divers ministères.

Ce décret peut être modifié jusqu'au 31 juillet de l'année suivante par les décrets rendus dans la même forme.

Art. 6. Entre le 1er janvier et le jour de la publication du premier décret de répartition, il peut être, dans chaque Département ministériel, procédé à des admissions à la retraite, à des liquidations et à des concessions de pensions jusqu'à concurrence du dixième du crédit d'inscription qui aura été, l'année précédente, attribué à ce Département ministériel.

Art. 7. Les états de propositions de pensions dressés dans chaque ministère font ressortir :

1° Le montant du crédit d'inscription attribué à ce ministère ;

2° Le montant des inscriptions antérieures ;

3° Le solde disponible.

Les rejets de pensions prononcés et les modifications dans la liquidation opérées après avis de la section des finances du Conseil d'Etat sont immédiatement notifiés au Ministre des finances.

Art. 8. En cas d'insuffisance des crédits, l'agent comptable des pensions doit refuser l'inscription ; il la refuse également s'il estime qu'il y a irrégularité dans l'imputation.

Dans ce dernier cas, le Ministre liquidateur peut, sous sa responsabilité, requérir par écrit qu'il soit passé outre à l'inscription. L'agent comptable des pensions y procède alors sans autre délai ; la production de la réquisition le libère devant la Cour des comptes.

Art. 9. L'article 38 du décret du 9 novembre 1853 est abrogé.

Art. 10. Le Ministre des finances et les autres Ministres, chacun en ce qui le concerne, sont chargés de l'exécution du présent décret, qui sera publié au *Journal officiel* et inséré au *Bulletin des lois*.

Décret portant règlement d'administration publique pour l'exécution de la loi du 4 mai 1892, relative aux pensions des agents et préposés forestiers domaniaux ou mixtes.

17 août 1892.

Le Président de la République française,

Sur le rapport du Ministre de l'agriculture et du Ministre des finances;

Vu la loi du 4 mai 1892, ainsi conçue : « A.partir de la promulgation de la présente loi, les pensions auxquelles ont droit, en vertu et dans les conditions de la loi du 9 juin 1853, les inspecteurs adjoints, gardes généraux, gardes généraux stagiaires, brigadiers et gardes des forêts soumis aux prescriptions des décrets du 22 septembre 1882 et du 18 novembre 1890 sur l'organisation des chasseurs forestiers, sont liquidées en prenant pour base les tarifs applicables à la gendarmerie et les grades correspondants, conformément aux assimilations établies par les décrets précités. Dans les cas prévus par le paragraphe 1er de l'article 11 de la loi du 9 juin 1853, la pension ne pourra être inférieure au minimum attribué, pour vingt-cinq ans de service, au grade correspondant pour la loi militaire. Dans le cas prévu par le paragraphe 2 du même article, la pension ne pourra être inférieure aux trois quarts de ce minimum. Les pensions liquidées par application du présent article ne pourront, dans aucun cas, dépasser les trois quarts du traitement afférent au grade obtenu depuis deux ans au moins. Les pensions des veuves et les secours aux orphelins seront égaux au tiers de ce maximum; ils seront de la moitié dans les cas mentionnés au paragraphe 1er, et des deux cinquièmes dans le cas du deuxième paragraphe de l'article 14 de la loi du 9 juin 1853. Un règlement d'administration publique déterminera les conditions d'application de la présente loi » ;

Vu la loi du 9 juin 1853 sur les pensions civiles et le règlement d'administration du 9 novembre suivant;

Vu les lois des 18 août 1879 et 23 juillet 1881 sur les pensions militaires;

Vu l'ordonnance du 20 janvier 1841 concernant les pensions de la gendarmerie;

Vu le décret du 18 novembre 1890 réorganisant le corps militaire des chasseurs forestiers;

Le Conseil d'Etat entendu,

Décrète :

Art. 1er. Les inspecteurs adjoints, gardes généraux, gardes généraux stagiaires, brigadiers et gardes des forêts continuent à être placés sous le régime de la loi du 9 juin 1853 et du décret du 9 novembre suivant, sauf les modifications qui résultent de la loi du 4 mai 1892 et du présent règlement.

Art. 2. La loi du 4 mai 1892 est applicable aux pensions non inscrites à la date du 4 mai 1892 en faveur soit de ces agents, soit des veuves et orphelins de ceux qui, décédés en activité de service, se trouvaient dans les conditions voulues pour obtenir pension.

Toutefois, l'agent qui, déjà titulaire d'une pension concédée par application de la loi du 9 juin 1853 et remis en activité depuis le 4 mai 1892, réclamerait le bénéfice du dernier paragraphe de l'article 28 de ladite loi, ne pourra prétendre au nouveau mode de liquidation.

Art. 3. Les pensions concédées en vertu de la loi du 9 juin 1853 seront reversées conformément aux articles 13, 14 et 16 de cette loi.

Art. 4. Les assimilations que comporte l'application de la loi du 4 mai 1892 sont établies ainsi qu'il suit :

SERVICE DES FORÊTS.	GENDARMERIE.
Inspecteurs adjoints de toutes classes.......	Capitaines.
Gardes généraux de toutes classes..........	Lieutenants.
Gardes généraux stagiaires	Sous-lieutenants.
Brigadiers hors classes...................	Maréchaux des logis chefs.
Brigadiers dé 1re et de 2e classe...........	Maréchaux des logis.
Brigadiers de 3e classe et gardes de 1re classe.	Brigadiers.
Gardes de 2e classe, gardes cantonniers de 1re et de 2e classe	Gendarmes.

Les dispositions de l'ordonnance du 20 janvier 1841 relatives aux sous-officiers, brigadiers et caporaux admis dans la gendarmerie sont applicables au personnel des forêts.

Art. 5. Pour opérer la liquidation de la pension, il est fait un total des années de services effectifs, tant civils que militaires, si ces derniers n'ont pas été rémunérés par une pension. On ajoute à ce total les campagnes calculées de la même manière que celles des militaires des armées de terre ou de mer.

La majoration accordée aux militaires de la gendarmerie ne s'applique qu'aux années de services effectifs dans la partie active de l'administration des forêts en sus de quinze ans de services militaires ou civils actifs dans cette administration.

Art. 6. La liquidation de la pension pour ancienneté ou infirmités est établie d'après le dernier grade dont l'agent est revêtu, s'il en est titulaire depuis deux ans ou s'il a occupé, pendant une partie de ses deux dernières années d'activité, un grade plus élevé que son grade final. Si l'agent ne remplit aucune de ces conditions, la pension est liquidée sur le pied du grade immédiatement inférieur.

Art. 7. Les pensions des inspecteurs adjoints, gardes généraux, gardes généraux stagiaires, brigadiers et gardes des forêts, à titre d'ancienneté, d'accidents de service ou d'infirmités contractées dans l'exercice de leurs fonctions, sont liquidées sur les bases suivantes :

En ce qui concerne les agents assimilés aux officiers, à raison, pour chacune des trente premières années de service, d'un trentième du minimum de la pension militaire d'ancienneté afférente au grade militaire correspondant à leur assimilation, et, pour chacune des années suivantes, à raison d'un vingtième de la différence entre le minimum et le maximum de ladite pension militaire ;

En ce qui concerne les préposés assimilés aux militaires de la gendarmerie, à raison, pour chacune des vingt-cinq premières années de service, d'un vingt-cinquième du minimum de la pension militaire d'ancienneté afférente au grade correspondant à leur assimilation, et à raison, pour chacune des années suivantes, d'un vingtième de la différence entre le minimum et le maximum de la pension militaire afférente audit grade ; les fixations ainsi obtenues sont majorées, pour chaque année de service postérieure à la quinzième, d'une annuité de dix-huit francs (18 fr.) ou de quinze francs (15 fr.), selon que le grade d'assimilation équivaut ou non à celui de brigadier ou de sous-officier de la gendarmerie.

Art. 8. Les inspecteurs adjoints, gardes généraux des forêts et gardes stagiaires ne peuvent prétendre à une pension d'ancienneté liquidée d'après les tarifs militaires que s'ils comptent trente années au moins de services entièrement rendus dans l'armée ou dans l'administration des forêts.

Les brigadiers hors classe, brigadiers, gardes, gardes cantonniers des forêts, ne peuvent prétendre à une pension d'ancienneté liquidée d'après les tarifs militaires que s'ils comptent vingt-cinq ans au moins de services entièrement rendus dans l'armée ou dans l'administration des forêts, sans toutefois déroger aux prescriptions concernant la durée des services civils de dix ans exigée par le paragraphe 1er de l'article 8 de la loi du 9 juin 1853.

Art. 9. Si des services civils sédentaires ou actifs, accomplis dans d'autres administrations. s'ajoutent à la période d'au moins vingt-cinq ans de services militaires ou actifs des forêts, ils seront liquidés également d'après les tarifs militaires, mais sans entrer dans le calcul de la majoration.

Art. 10. Le décompte, tant des années de service que de la majoration, est établi en négligeant sur le résultat final les fractions de mois et de franc, conformément à l'article 23 de la loi du 9 juin 1853.

Art. 11. Le Ministre de l'agriculture et le Ministre des finances sont chargés, chacun en ce qui le concerne, de l'exécution du présent décret, qui sera inséré au *Bulletin des lois* et publié au *Journal officiel*.

Extrait de la loi de finances du 28 avril 1894.

. . . .

Art. 50. A partir de la promulgation de la présente loi, les services militaires compris dans la liquidation des pensions civiles seront calculés d'après le minimum affecté au grade par les lois en vigueur à la date où ils ont été terminés.

La veuve (1) de tout fonctionnaire ou employé décédé posté-

---

(1) Modifié par l'article 44 de la loi de finances du 13 avril 1898 (voir page 106).

rieurement au 31 décembre 1892, après vingt-cinq ans de service, aura droit, si elle compte six ans de mariage, à une pension égale au tiers de la pension produite par la liquidation des services de son mari. Une pension temporaire de même importance sera accordée à l'orphelin ou aux orphelins mineurs du fonctionnaire, lorsque la mère sera décédée ou inhabile à recueillir la pension, ou déchue de ses droits.

Les articles 8, 13, 15 et 16 de la loi du 9 juin 1853 sont abrogés en ce qu'ils ont de contraire à ces dispositions.

. . . .

Art. 53. Les services rendus en qualité d'écrivains temporaires ou auxiliaires et d'auxiliaires civils du commissariat de la marine, pendant la période comprise entre le 23 décembre 1847 et le 29 juin 1878. sont admis pour l'établissement du droit à pension et entrent dans le calcul de la liquidation.

. . . .

Art. 69. Les maîtres auxiliaires des écoles normales primaires et des écoles primaires supérieures qui, lors de la loi du 19 juillet 1889. étaient régulièrement nommés et comptaient cinq années d'exercice. sont autorisés, bien qu'ils ne soient pas pourvus du certificat d'aptitude à l'enseignement dont ils sont chargés, à continuer à verser des retenues à la caisse des pensions civiles sur un traitement qui ne pourra pas dépasser celui dont ils jouissaient au 31 décembre 1889, pour conserver leurs droits à la retraite, conformément à la loi du 9 juin 1853.

. . . .

TABLEAU des annuités pour rémunération des services militaires dans une pension civile de la loi du 9 juin 1853.

	LOI du 11 avril 1831.	LOI du 26 avril 1855.	LOI du 18 août 1879.	LOI du 29 juillet 1881.
	fr. c.	fr. c.	fr. c.	fr. c.
Soldat	6 67	14 60	20 00	24 00
Caporal.............	7 33	15 40	20 80	28 00
Sergent.............	8 33	16 60	22 00	32 00
Sergent-major.......	10 00	18 60	24 00	36 00
Adjudant............	13 33	22 00	28 00	40 00

	LOI du 11 avril 1831.	LOI du 25 juin 1861.	LOI du 22 juin 1878.
	fr. c.	fr. c.	fr. c.
Sous-lieutenant	20 00	28 00	50 00
Lieutenant......................	26 67	37 33	56 67
Capitaine.......................	40 00	52 00	76 67

Extrait de la loi de finances du 26 juillet 1893.

. . . .

Art. 47. Les professeurs de l'Ecole alsacienne agréés par le Ministre de l'instruction publique sont autorisés à verser les retenues réglementaires pour le service des pensions civiles, conformément à la loi du 9 juin 1853.

Art. 48. Le bénéfice des articles 49 et 50 de la loi du 26 janvier 1892, qui a créé des allocations supplémentaires en faveur de certaines catégories d'anciens pensionnaires (militaires, marins, douaniers et veuves) est accordé, à partir de l'exercice 1894, aux agents forestiers énumérés à l'article unique de la loi du 4 mai 1892, ainsi qu'à leurs veuves, retraités avant l'application de cette dernière loi.

. . . .

Extrait de la loi de finances du 16 avril 1895.

. . . .

Art. 29. A partir du 1ᵉʳ janvier 1895, les dispositions de l'article 4 de la loi du 9 juin 1853 seront appliquées aux commissaires de police autres que ceux du département de la Seine.

Pour la liquidation de leur pension, ces fonctionnaires seront admis à faire valoir la totalité de leurs services, même antérieurs à la présente loi, qu'ils aient été rémunérés par les communes ou par l'État. En sus des retenues réglementaires qu'ils devront subir dans l'avenir, les commissaires de police verseront le douzième de leur traitement actuel lorsque leurs services seront exclusivement communaux, et le douzième de la différence entre leur dernier traitement payé par l'Etat et leur traitement communal actuel lorsqu'ils auront passé du service de l'État dans le service des communes.

. . . .

Art. 39. Les fonctionnaires et employés du service actif, détachés régulièrement dans les pays de protectorat ainsi qu'au service des gouvernements étrangers, par application de l'article 4, paragraphe 3, de la loi du 9 juin 1853, conservent leurs droits au bénéfice des articles 5, paragraphe 2, et 7, paragraphe 2, de cette loi.

Les dispositions de l'article 10, paragraphe 1, de la loi du 9 juin 1853 sont applicables aux fonctionnaires et employés détachés régulièrement dans les pays de protectorat, par application de l'article 4, paragraphe 3, de la même loi.

Art. 40. A dater de la promulgation de la présente loi, les décrets de concession de toute nature à la charge de l'État seront publiés au *Journal officiel* et insérés au *Bulletin des lois*.

Les pensions seront inscrites au Trésor public après la publication au *Journal officiel* des décrets de concession.

Il ne pourra, en aucun cas, y avoir lieu au rappel de plus de trois années d'arrérages antérieures à la date de la publication au *Journal officiel* du décret de concession.

Sont abrogés l'article 26 de la loi du 25 mars 1817, l'article 5 de la loi du 17 avril 1833 et le deuxième paragraphe de l'article 25 de la loi du 9 juin 1853.

. . . .

Extrait de la loi de finances du 28 décembre 1895.

. . . .

Art. 40. Les retenues à verser annuellement par les fonctionnaires en congé, en non-activité ou en disponibilité, qui sont admis par la loi du 9 juin 1853 à conserver leurs droits à la retraite, ne peuvent être inférieures à celles qu'ils supportaient sur leur dernier traitement d'activité.

Toutefois, cette disposition n'est pas applicable aux fonctionnaires en congé pour maladie.

Pour les agents diplomatiques et consulaires, cette retenue sera faite seulement sur la partie de leur traitement d'activité qui correspond au traitement de leur grade, abstraction faite de celle qui correspond aux indemnités spéciales au poste.

. . . .

Art. 42. A partir de la promulgation de la présente loi, les pensions auxquelles peuvent prétendre, sous la condition d'être entrés en fonctions antérieurement au 1er janvier 1886, les fonctionnaires, employés et agents des services coloniaux organisés par arrêtés locaux, seront basées sur la moitié du traitement moyen dont les intéressés auront joui pendant les six dernières années de leur activité. La seconde moitié de ce traitement est considérée comme formant le supplément colonial.

La disposition qui précède n'est pas applicable aux fonctionnaires, employés et agents coloniaux assimilés par décret à ceux de la métropole, au point de vue de la pension de retraite.

. . . .

Art. 63. Le Ministre des finances est autorisé à faire entrer dans la liquidation des pensions de retraite des fonctionnaires de l'enseignement primaire, aux conditions prévues par les lois du 9 juin 1853 (art. 10) et du 17 août 1876 :

1° Pour les instituteurs et institutrices, le temps durant lequel ils ont été suppléés à leurs frais avant la promulgation de la présente loi, en subissant la retenue ;

2° Pour les fonctionnaires nommés par le Ministre, le temps durant lequel ils ont, avant la promulgation de la présente loi, joui d'un congé d'inactivité avec traitement, en subissant la retenue.

Cette dernière disposition et toutes celles de la loi précitée du 17 août 1876 sont applicables aux maîtres et maîtresses qui enseignent dans les écoles primaires supérieures de Paris en vertu d'une nomination ministérielle et qui, antérieurement à la loi de 1889, y ont enseigné sous un titre quelconque en vertu d'une nomination régulière du préfet de la Seine.

. . . .

Décret relatif au prélèvement par quart de la retenue du douzième de premier traitement pour le service des pensions civiles.

28 juillet 1897.

Le Président de la République française,

Sur le rapport du Ministre des finances,

Vu les articles 3, 4 et 35 de la loi du 9 juin 1853 ;

Vu l'article 28 de la loi du 29 mars 1897 ;

Vu le décret portant règlement d'administration publique du 9 novembre 1853 ;

Le Conseil d'Etat entendu,

Décrète :

Art. 1er. La retenue du douzième, que les fonctionnaires et employés doivent supporter sur leurs rétributions, conformément aux articles 3 et 4 de la loi du 9 juin 1853, lors de la première nomination ou en cas de réintégration, est exercée par quart sur les quatre premières allocations qui sont acquises pour un mois entier au fonctionnaire ou à l'employé.

Les fonctionnaires et employés rétribués au moyen de salaires ou de remises variables ont la faculté de verser la retenue du douzième par quart et mensuellement dans le cours des quatre mois qui suivent leur installation.

Ceux qui sont rétribués par trimestre subissent la retenue du quart des allocations mensuelles comprises intégralement dans la première allocation qui leur est faite. Le complément de la retenue est prélevé sur les allocations suivantes.

Art. 2. En cas de décès, de démission ou de révocation survenu avant que la retenue du douzième ait été totalement versée, la partie non recouvrée de cette retenue est prélevée, jusqu'à due concurrence, sur les rétributions restant dues au fonctionnaire ou à l'employé.

Dans le cas où le fonctionnaire démissionnaire ou révoqué est réintégré dans ses fonctions ou dans des fonctions différentes, avant d'avoir versé l'intégralité de la retenue du premier douzième, il a à subir en une fois, sur sa première allocation mensuelle, la retenue de ce qui resterait dû sur le douzième exigible au moment de sa première nomination.

Le fonctionnaire ou l'employé ayant cessé temporairement ses fonctions pour accomplir son service militaire ou pour cause de maladie, puis rappelé à l'activité avant que la retenue du douzième ait été totalement versée, continue à subir cette retenue par quart jusqu'à complet acquittement.

Art. 3. Les fractions de retenue de douzième prélevées conformément à l'article 28 de la loi du 29 mars 1897 sont rattachées au même exercice que les rétributions sur lesquelles elles portent ; les ordonnances et mandats émis par les ordonnateurs doivent indiquer l'ordre des prélèvements par 1er, 2e, 3e quart, 4e et dernier quart, et rappeler le numéro du dernier mandat sur lequel le précédent prélèvement a été fait.

Les versements opérés au même titre par les fonctionnaires ou employés rétribués au moyen de remises variables sont rattachés à l'exercice de l'année pendant laquelle le fonctionnaire a été installé. Il en est de même des versements opérés par les fonctionnaires et employés rétribués sur d'autres fonds que ceux de l'État et admis au bénéfice de la loi du 9 juin 1853.

Toutefois, si l'exercice de l'année d'installation est clos au moment du versement, la retenue est rattachée à l'exercice courant.

Art. 4. Le Ministre des finances est chargé de l'exécution du présent décret, qui sera publié au *Journal officiel* et inséré au *Bulletin des lois.*

Note ministérielle pour l'application de l'article 28 de la loi de finances du 29 mars 1897, relatif au prélèvement, par quart, de la retenue du douzième de premier traitement pour le service des pensions civiles.

Paris, le 28 août 1897.

L'article 28 de la loi du 29 mars 1897, portant fixation du budget général des dépenses et des recettes de l'exercice 1897, est ainsi conçu :

« Le 2° de l'article 3 de la loi du 9 juin 1853, qui détermine les retenues à supporter par les fonctionnaires et employés directement rétribués par l'État, sur les sommes qui leur sont payées à titre d'émolument personnel, est modifié ainsi qu'il suit :

« 2° Une retenue du douzième des mêmes rétributions, lors de la première nomination ou dans le cas de réintégration, à prélever par quart sur les quatre premières mensualités, et du douzième de toute augmentation ultérieure. »

La nouvelle rédaction de l'article 3 de la loi du 9 juin 1853 constituant une importante modification aux prescriptions originaires de cette loi, ainsi qu'au décret du 9 novembre suivant portant règlement d'administration publique, M. le Ministre des finances a fait sanctionner dans la même forme les mesures d'exécution que comporte l'article 28 précité de la loi de finances de l'exercice 1897, afin que ces mesures soient appliquées d'une manière identique par les ordonnateurs de tous les ministères.

Tel est l'objet d'un décret rendu en Conseil d'État, à la date du 28 juillet 1897, et qui est annexé à la présente note ministérielle.

Pour assurer l'exécution de ce décret, le Département des finances (Direction générale de la comptabilité publique) a adressé aux agents du Trésor, le 9 août dernier, une circulaire dont le texte est reproduit ci-après :

NOUVEAU MODE DE PRÉLÈVEMENT DE LA RETENUE DU PREMIER DOUZIÈME SUR LES QUATRE PREMIÈRES MENSUALITÉS ACQUISES AUX FONCTIONNAIRES ET EMPLOYÉS.

Aux termes de l'article 1er du décret du 28 juillet 1897, la retenue du douzième que les fonctionnaires et employés doivent supporter sur leurs rétributions, lors de la première nomination ou en cas de réintégration, est exercée par quart sur les quatre premières allocations qui sont acquises pour un mois entier au fonctionnaire ou à l'employé.

La loi nouvelle a eu pour but d'éviter aux agents de l'Etat la situation difficile où les plaçait, à un moment où ils avaient à supporter des frais d'installation, l'obligation imposée par l'article 3 de la loi de 1853 de verser immédiatement au Trésor la totalité de leur premier mois de traitement : elle leur accorde à cet effet, pour se libérer, un délai déterminé de telle sorte que la retenue du douzième ne puisse absorber plus du quart de leur traitement mensuel net, c'est-à-dire après prélèvement de la retenue de 5 p. 100. Dans cet ordre d'idées, l'expression mensualité dont s'est servi la loi doit s'entendre du traitement acquis pour un mois entier. Lors donc que le point de départ de la liquidation du traitement se trouvera fixé au premier d'un mois, on prélèvera simplement sur le traitement afférent à chacun des quatre premiers mois (déduction faite, bien entendu, de la retenue du vingtième) une somme égale au quart du premier douzième. Quand, au contraire, un fonctionnaire aura été installé dans le cours d'un mois, le prorata du traitement net afférent à ce mois lui sera payé intégralement, et la retenue du premier douzième ne commencera à être exercée que sur la mensualité suivante.

L'article 1er du décret ajoute que les fonctionnaires et employés rétribués au moyen de salaires ou de remises variables ont la faculté de verser la retenue du douzième par quart et mensuellement dans le cours des quatre mois qui suivent leur installation. Cette disposition s'applique aux agents qui supportent la retenue du douzième, conformément à l'article 23 du décret du 9 novembre 1853, sur une moyenne d'émoluments attribués à leur emploi pendant les exercices précédents, et qui la versent directement au Trésor.

Enfin, le dernier alinéa du même article dispose que les fonctionnaires et employés qui sont rétribués par trimestre subissent la retenue du quart des allocations mensuelles comprises intégralement dans la première allocation qui leur est faite ; le complément de la retenue est prélevé sur les allocations suivantes.

D'une manière générale, je crois devoir faire remarquer que, dans le cas où le premier douzième net n'est pas exactement divisible par 4, les centimes non divisibles doivent être prélevés avec le premier quart de ce douzième.

A ce propos, il me paraît utile d'entrer incidemment dans quelques explications au sujet de l'établissement des décomptes de liquidation des retenues de premier douzième d'augmentation, bien que ces explications ne se rattachent pas directement à l'objet de la présente circulaire : l'article 63 du règlement de comptabilité du Minisfre des finances, en date du 26 décembre 1866, spécifie, *in fine*, que chaque fraction de centime est complétée par un centime entier au profit du Trésor ; mais ce forcement ne saurait être appliqué qu'à la retenue de 5 p. 100 qui est prélevée la première ; le douzième d'augmentation à retenir ensuite, représentant la différence entre le traitement net ancien et le traitement net nouveau, ne peut comporter de fraction de centime à forcer ou à négliger. Par suite, pour une augmentation de 100 francs, le douzième peut être de 7 fr. 91 ou de 7 fr. 93, suivant les cas : ainsi, dans le cas d'un employé ayant un traitement de 1.000 francs, le douzième de ce traitement étant de 83 fr. 33, et la retenue 5 p. 100 de 4 fr. 17, le douzième net s'élèvera à 79 fr. 16. Si le même agent obtient une augmentation de 100 francs, le douzième d'un traitement de 1.100 francs étant de 91 fr. 66, le 5 p. 100 sera de 4 fr. 59 et le douzième net de 87 fr. 07 ; la retenue à subir pour augmentation sera égale à la différence entre 79 fr. 16 et 87 fr. 07, soit 7 fr. 91. Pour une seconde augmentation de 100 francs, le douzième du traitement de 1.200 francs étant 100 francs, la retenue de 5 p. 100 de 5 francs et le douzième de 95 francs, la retenue à subir pour augmentation devra être égale à la différence entre 87 fr. 07 et 95 francs, soit 7 fr. 93.

Il est du reste de règle, et ces quelques exemples en donnent la preuve, que la première mensualité nette de retenues payée sur le pied du nouveau traitement doit toujours être égale à la dernière mensualité de l'ancien traitement.

DISPOSITIONS RELATIVES AUX CAS DE DÉCÈS, DE DÉMISSION OU DE RÉVOCATION. MESURES A PRENDRE POUR ASSURER LE RECOUVREMENT DE LA CRÉANCE DU TRÉSOR, DANS LE CAS OU L'AGENT DÉMISSIONNAIRE OU RÉVOQUÉ EST ENSUITE RÉINTÉGRÉ, AINSI QUE DANS LE CAS OU LE FONCTIONNAIRE QUI A CESSÉ TEMPORAIREMENT SON SERVICE EST RAPPELÉ A L'ACTIVITÉ.

Il résulte des dispositions de l'article 2 du décret qu'en cas de décès, de démission ou de révocation d'un agent avant que la retenue du douzième ait été intégralement effectuée, le reliquat restant dû sur cette retenue deviendra immédiatement exigible jusqu'à concurrence des sommes acquises à l'agent sur son traitement. Si le reliquat du traitement est insuffisant pour couvrir la dette de l'agent, il ne sera exercé aucune poursuite contre lui ni contre ses représentants.

Toutefois, si l'agent démissionnaire ou révoqué est ultérieurement réintégré dans le même emploi ou dans un emploi différent, le Trésor reprend ses droits, et ce sans préjudice de l'application des dispositions de l'article 25 du décret du 9 novembre 1853, d'après lequel « le fonctionnaire démissionnaire, révoqué ou destitué, s'il est réadmis dans un emploi assujetti à la retenue, subit de nouveau la retenue du premier mois de son traitement... » .Un fonctionnaire réintégré pourra donc avoir à subir simultanément deux retenues, savoir : d'une part, la totalité du reliquat de la retenue du douzième dont le premier traitement était passible, et dont l'agent ne s'était pas encore libéré au moment de sa sortie de fonctions et, d'autre part, la retenue du douzième de son nouveau traitement, répartie sur quatre mensualités. Par suite, les comptables devront, avant de payer le traitement d'un fonctionnaire réintégré, exiger la preuve que le premier douzième de l'ancien traitement a été intégralement versé au Trésor, à moins que cette preuve ne résulte implicitement de ce fait que le fonctionnaire réintégré avait été, avant sa démission ou sa révocation, plus de cinq mois en fonctions.

En ce qui concerne les fonctionnaires ayant cessé temporairement leurs fonctions, soit pour remplir leurs obligations militaires, soit pour cause de maladie, il ne sera pas fait application des dispositions qui prescrivent de prélever, sur le prorata acquis du traitement au moment de la sortie de fonctions, la totalité de ce qui restera dû sur la retenue du douzième. Mais quand ces mêmes agents seront réintégrés dans leurs fonctions ou dans des fonctions différentes, le prélèvement par quart de ce douzième sera repris sur le premier traitement mensuel intégralement acquis, indépendamment de la retenue immédiate du douzième de l'augmentation de traitement qui aura pu leur être attribuée au moment de cette réintégration.

DÉSIGNATION DE L'EXERCICE AUQUEL DOIVENT ÊTRE IMPUTÉES LES DIFFÉRENTES FRACTIONS DE LA RETENUE DU PREMIER DOUZIÈME.

Enfin, conformément aux termes de l'article 3 du décret, lequel règle les questions de comptabilité que soulevait l'imputation d'exercice à donner aux différentes fractions de la retenue du premier douzième, les retenues qui sont versées directement au Trésor par les agents eux-mêmes, ou par les comptables des établissements sur les fonds desquels les traitements sont payés, continueront à être imputées à l'exercice de l'année pour laquelle le premier mois de traitement a été acquis à l'agent, les titres de perception étant dressés par année.

Quant aux fractions de retenues du douzième prélevées sur les mandats de dépenses publiques, comme ces mandats, établis pour le brut des traitements, tiennent lieu, par le fait même, de titre de perception pour les retenues, elles recevront la même imputation d'exercice que les mandats eux-mêmes. Mais, pour que les comptables et ultérieurement la Cour des comptes puissent s'assurer que le douzième du traitement a été intégralement versé au Trésor, il est nécessaire que les mandats contiennent toutes les indications nécessaires à cette vérification, d'autant plus que, pour les agents installés dans les derniers mois de l'année, les fractions de retenue recevront une imputation différente au point de vue de l'exercice, suivant qu'elles seront prélevées sur des mensualités acquises dans le cours de l'année d'installation ou sur des mensualités acquises l'année suivante.

C'est pour ce motif que l'article 3 du décret prescrit aux ordonnateurs d'indiquer sur les mandats l'ordre des prélèvements de la retenue du douzième par 1er, 2e, 3e, 4e et dernier quart : de plus, pour les trois derniers prélèvements, le mandat devra rappeler le numéro et la date du précédent mandat sur lequel le dernier prélèvement a été opéré.

Les ordonnateurs secondaires du Département de la guerre devront se conformer aux instructions qui précèdent.

Extrait de la loi de finances du 13 avril 1898.

. . . . , ...

Art. 44. Les veuves des fonctionnaires civils placés sous le régime de la loi du 9 juin 1853 ou du décret du 4 mars 1808 ont droit à pension lorsque le mari a obtenu une pension de retraite ou accompli vingt-cinq ans de services, tant militaires que civils, pourvu que le mariage ait été contracté deux ans avant la cessation de l'activité ou qu'il existe un ou plusieurs enfants issus du mariage antérieur à cette cessation.

La même disposition s'applique aux veuves des fonctionnaires de l'administration centrale du ministère de la marine et des colonies qui étaient en exercice au 1er janvier 1886 et peuvent se réclamer du décret du 2 février 1808 (1).

Si le mari, titulaire en dernier lieu d'un emploi civil, décède avant d'avoir accompli six ans de services civils, la part de pension afférente aux services civils est calculée sur la moyenne des traitements perçus pour l'ensemble de ces services.

Lorsque la mère est décédée ou inhabile à recueillir la pension ou déchue de ses droits, l'orphelin ou les orphelins ont droit, jusqu'à leur majorité, à une pension temporaire égale à celle que la mère a obtenue ou aurait pu obtenir.

Art. 45. Est complété ainsi qu'il suit le tableau des emplois du service actif annexé à la loi du 9 juin 1853. (Voir page 26.)

Extrait de la loi de finances du 13 avril 1900.

. . . .

Art. 16. Les employés non commissionnés des manufactures de l'Etat, nommés à des emplois conduisant à pension par

---

(1) Nouveau texte. (Loi du 30 décembre 1913.)

application de la loi du 9 juin 1853, sont admis à faire valoir la totalité de leurs services pour constituer leur droit à pension.

Cette pension n'est liquidée que pour le temps pendant lequel ces fonctionnaires ont subi les retenues prescrites par la loi du 9 juin 1853.

Elle est calculée à raison d'un soixantième par année de service du traitement moyen, soit des six dernières années, soit de l'ensemble des services soumis à retenue, si ces services n'atteignent pas une durée de six ans.

* * *

Extrait de la loi de finances du 31 mars 1903.

Art. 54. Le bénéfice des dispositions des articles 9 et 10 de la loi de finances du 21 mars 1885 est maintenu pour les fonctionnaires et employés du ministère de la marine qui, y ayant déjà droit, sont passés au ministère de la guerre en vertu du décret du 21 janvier 1901 sur le rattachement à ce Département des troupes coloniales.

* * *

Extrait de la loi de finances du 30 janvier 1907.

Art. 53. (Abrogé par la loi du 30 décembre 1913.)

Art. 55. L'article 11 de la loi de 1853 est complété par le paragraphe suivant :

« Les suppressions d'emploi donnant lieu à pension par application du présent article seront signalées aux Chambres par un tableau annexé au plus prochain projet de budget. »

Loi modifiant la procédure de liquidation des pensions civiles

(Direction du Contentieux et de la Justice militaire; Bureau
des Pensions et Gratifications de réforme.)

Paris, le 22 juillet 1909.

Le Sénat et la Chambre des députés ont adopté,

Le Président de la République promulgue la loi dont la teneur suit :

Art. 1er. A partir de la promulgation de la présente loi, les propositions de pensions civiles établies par les divers ministères seront soumises à l'examen du Conseil d'Etat par le Ministre des finances, qui contresignera seul les décrets de concession.

Art. 2. Les veuves et orphelins de pensionnaires civils, prétendant à réversion, se pourvoiront directement auprès du Ministre des finances, qui est dispensé de soumettre à l'examen du Conseil d'Etat les propositions concernant la réversion au profit des veuves et orphelins de titulaires de pensions d'ancienneté.

Art. 3. Sont abrogés, en ce qu'ils ont de contraire aux dispositions qui précèdent, les articles 22 et 24 de la loi du 9 juin 1853, ainsi que l'article 40 du règlement d'administration publique du 9 novembre 1853.

La présente loi, délibérée et adoptée par le Sénat et par la Chambre des députés, sera exécutée comme loi de l'Etat.

Fait à Paris, le 22 juillet 1909.

A. FALLIÈRES.

Par le Président de la République :

Le Ministre des finances,

J. CAILLAUX.

Extrait de la loi de finances du 8 avril 1910.

. . . .

Art. 85. Le temps de surnumérariat ou de stage accompli après l'âge de vingt ans, à l'entrée des carrières civiles, est admissible pour la constitution du droit à pension et pour la liquidation de la pension.

. Lors de son admission définitive dans les ordres, le surnuméraire ou stagiaire est astreint à verser rétroactivement les retenues légales sur son traitement initial de fonctionnaire titulaire.

Pourront faire état, pour la retraite, de leur temps de surnumérariat ou de stage, les fonctionnaires titulaires en exercice lors de la promulgation de la présente loi. Toutefois, ce temps ne sera admis en liquidation qu'autant que, dans un délai d'un an, les intéressés auront effectué le versement rétroactif prévu par le paragraphe précédent.

Sont abrogées les dispositions de l'article 23 de la loi du 9 juin 1853 qui sont contraires aux dispositions qui précèdent.

. . . .

Art. 90. Les professeurs des écoles militaires préparatoires entrés en fonctions antérieurement au décret du 16 juin 1899 sont admis au bénéfice de la loi du 17 août 1876, relative aux pensions de retraite du personnel de l'enseignement primaire.

Extrait de la loi de finances du 13 juillet 1911.

Art. 74. Dans les communes où les conseils municipaux autoriseront l'organisation de ce service, les maires pourront, sous la responsabilité des communes, délivrer gratuitement aux personnes domiciliées dans la commune les certificats de vie exigés par le Trésor public pour le payement des pensions civiles et militaires, indemnités viagères, traitements de la Légion d'honneur et de la médaille militaire, s'élevant au maximum à 2.400 francs par an.

Le recouvrement des sommes indûment payées par suite de certifications erronées sera poursuivi contre les maires, dans la forme prévue par l'article 54 de la loi de finances du 13 avril 1898.

Art. 78. (Abrogé par la loi du 30 décembre 1913.)

Un règlement d'administration publique déterminera les mesures nécessaires à l'application des présentes dispositions, notamment les limites territoriales dans lesquelles ces certificats seront valables.

Loi sur les pensions.

Paris, le 30 décembre 1913.

Art. 1 à 6. (Les dispositions nouvelles résultant de ces articles ont été substituées dans le texte aux pages 10, 11, 12, 13 et 26.)

Art. 7. Les services rendus par les fonctionnaires ou agents du cadre permanent des établissements publics nationaux, nommés à un emploi régi par la loi de 1853, sont admissibles pour la constitution du droit à pension.

La pension est, dans ce cas, réglée conformément à l'article 16 de la loi du 13 avril 1900.

Art. 8. Les institutrices des écoles de la marine à l'établissement d'Indret, entrées en fonctions postérieurement au décret du 16 juin 1899, sont placées sous le régime de la loi du 9 juin 1853 et admises au bénéfice de la loi du 17 août 1876 relative aux pensions de retraite du personnel de l'enseignement primaire.

Art. 9. Les titulaires de grades ou titres d'Etat pouvant donner accès aux fonctions de l'enseignement public qui auront été désignés par arrêté du Ministre de l'instruction publique et des beaux-arts, après avis du comité consultatif de l'enseignement public et accord avec le Ministre des affaires étrangères, pour être attachés à des établissements scientifiques ou à des établissements d'enseignement à l'étranger ou dans des pays de protectorat, sont admis à faire état, pour la pension de retraite, des services rendus par eux dans cette position, s'ils entrent ultérieurement dans le cadre de l'enseignement public en France.

Toutefois, ces services ne pourront être comptés que dans la limite de dix ans et sous la condition d'avoir donné lieu au versement rétroactif des retenues légales sur la base du premier traitement d'activité dont les intéressés auront joui comme fonctionnaires de l'Etat:

Il sera justifié desdits services par un certificat émanant du Ministre des affaires étrangères.

Les retenues prévues au deuxième paragraphe du présent article pourront être effectuées en autant de fois douze termes que les intéressés auront d'années entières à valider pour la retraite, la fraction d'année en excédent étant toujours négligée.

Art. 10. Les fonctionnaires placés sous le régime de la loi du 9 juin 1853 qui sont rémunérés partie par des traitements ou suppléments de traitements fixes, partie par des allocations variables, ne peuvent, en aucun cas, se prévaloir de ces dernières pour la liquidation de leur pension.

Les allocations dont peuvent bénéficier les agents de l'Etat, en sus de leur traitement, sur les fonds des départements, communes ou établissements publics, ne sont point admissibles dans la liquidation des pensions civiles, à l'exception de celles qui ont été expressément soumises à retenue par des textes législatifs ou réglementaires.

Toutefois, les fonctionnaires ayant subi, avant la promulgation de la présente loi, des retenues sur les allocations visées aux alinéas précédents, seront admis à continuer leurs versements jusqu'à la liquidation de leur pension.

A titre exceptionnel, les contrôleurs principaux et les contrôleurs ordinaires hors classe des contributions directes pourront faire entrer dans la liquidation de leur pension les indemnités qui leur auront été allouées, en sus de leur traitement, pour l'exécution de services réglementaires, à charge de justifier du versement des retenues légales sur les sommes perçues par eux à ce titre. Dans aucun cas, la pension ainsi liquidée ne pourra dépasser le maximum de 4.000 francs.

Les dispositions de l'alinéa précédent sont applicables à toutes les pensions non encore concédées ou pour lesquelles le Conseil d'Etat est actuellement saisi d'un recours contentieux.

Il n'est pas dérogé par le présent article aux dispositions concernant les comptables directs du Trésor, non plus qu'à celles relatives aux fonctionnaires coloniaux.

Art. 11. Il sera annexé chaque année au projet de budget un état, par ministère et par service, des fonctionnaires admis à la retraite au cours de l'année précédente.

Cet état fera connaître les noms et âges des fonctionnaires ainsi retraités.

Art. 12. Sont assujettis au régime de la caisse locale de retraites instituée par l'article 43 de la loi du 13 avril 1898, les services accomplis en qualité de greffier en chef, greffier, commis greffiers principaux et commis greffiers de l'Indo-Chine par les agents nommés à ces emplois postérieurement au 1er janvier 1899 et ceux qui, étant à cette date titulaires desdits emplois, ont opté pour ce régime dans les conditions prescrites par la loi précitée, sous la réserve que, depuis cette époque, les intéressés aient subi, sur les traitements de ces emplois, les retenues imposées au profit de la caisse par les décrets des 5 mai 1898 et 6 décembre 1905.

Les retenues dont il s'agit demeurent acquises à la caisse locale de retraites.

Toutefois, la rétroactivité prévue ci-dessus n'est pas opposable aux greffiers ou commis greffiers qui seraient revenus sur l'option par eux précédemment faite pendant le temps qui s'est écoulé entre la date de la décision du Conseil d'Etat déclarant cette acceptation inopérante et la promulgation des précédentes dispositions.

TITRE II.

Pensions militaires.

Art. 13 à 31. Ces articles figurent au vol. 66[1].

TITRE III.

Dispositions communes aux pensions civiles et militaires.

Art. 32. Les services rendus après l'âge de 20 ans dans le cadre local des administrations des départements, communes, colonies ou pays de protectorat, sont admissibles pour l'établissement du droit à pension, pourvu que la durée des services rendus à l'Etat soit au moins de douze ans dans la partie sédentaire et de dix ans dans la partie active ou dans les services coloniaux.

En ce qui concerne les fonctionnaires régis par la loi du 9 juin 1853, cette pension n'est liquidée que pour le temps pendant lequel ils ont subi les retenues prescrites par ladite loi.

Pour les fonctionnaires soumis aux dispositions de la loi du 22 août 1790, le temps passé au service de l'Etat entre seul en liquidation et il est rémunéré à raison de $1/30^e$ par an de la pension correspondant à trente ans de services.

Pour les fonctionnaires placés sous le régime des lois des 11 ou 18 avril 1831, la pension est d'abord calculée comme si tous les services avaient été rendus à l'Etat, puis elle est réduite en raison de la durée des services locaux, en commençant par défalquer les annuités les moins élevées. A l'égard des veuves ou orphelins de ces derniers fonctionnaires, la pension est réduite dans la mesure où les services locaux sont intervenus pour en permettre l'obtention.

Par mesure transitoire, les agents d'Etat en fonctions lors de la promulgation de la présente loi conservent le bénéfice des articles 9 de la loi du 9 juin 1853, 30 de la loi du 29 mars 1897, 56 de la loi du 30 janvier 1907, 87, 88 et 89 de la loi du 8 avril 1910.

Art. 33. Les fonctionnaires et employés civils, y compris ceux qui sont régis, au point de vue de la retraite, par l'article 14 de la loi du 5 août 1879, peuvent être détachés au service des départements, communes, colonies, pays de protectorat, pays étrangers, établissements publics ou privés.-Ils conservent dans cette position leurs droits à l'avancement hiérarchique et à la pension.

Le détachement est autorisé pour une durée maximum de cinq ans, par arrêté du Ministre dont relève l'agent, sur avis conforme du Ministre des finances. Il peut être prorogé dans les mêmes formes, pour une ou plusieurs périodes égales.

L'intéressé subit les retenues légales sur le traitement d'activité qui lui serait alloué dans le corps ou service dont il est détaché.

Les retenues sont recouvrées pour le compte du Trésor, sur titres de perception établis par le Ministre des finances.

Les agents détachés ne peuvent être admis à la retraite qu'autant qu'ont pris fin les fonctions occupées en cette qualité.

Les avantages spéciaux attachés par la loi du 9 juin 1853, articles 5 (§ 2), 7 (§ 1er), 10 (§ 1er) et par la loi du 17 août 1876 à l'exercice de certaines fonctions publiques ne sont accordés qu'aux agents détachés dans des administrations publiques françaises ou de pays de protectorat pour y exercer des fonctions de même nature.

Art. 34. Les militaires, marins et assimilés qui seraient régulièrement détachés du service de l'Etat sont soumis aux dispositions des alinéas 3 et 4 de l'article précédent.

Art. 35. La part contributive des départements, des colonies ou pays de protectorat, communes ou autres établissements publics, dans les pensions civiles ou militaires inscrites au grand livre de la dette publique est soumise, en ce qui concerne la jouissance, aux mêmes règles que la part à la charge de l'Etat.

Art. 36. Les débets envers les services locaux des colonies ou des pays de protectorat sont assimilés aux débets envers l'Etat pour l'application de l'article 28 de la loi du 11 avril 1831, de l'article 30 de la loi du 18 avril 1831 et de l'article 26 de la loi du 9 juin 1853, déterminant les retenues dont sont passibles les pensions militaires et civiles payées sur les fonds du Trésor.

En cas de débets simultanés envers l'Etat et les colonies ou pays de protectorat, les retenues ne pourront excéder un cinquième de la pension, et devront être effectuées en premier lieu au profit de l'Etat.

Art. 37. Les titulaires de pensions civiles ou militaires nommés à un emploi civil rétribué, soit par l'Etat, soit par les départements, colonies ou pays de protectorat, communes ou établissements publics, ne peuvent cumuler leur pension (y compris, le cas échéant, les suppléments, allocations ou compléments créés par des lois spéciales) avec le traitement attaché à cet emploi qu'autant que le total n'excédera pas 10.000 (1) francs ou, s'il était supérieur à ce chiffre, le montant de leur dernier traitement d'activité sans les accessoires. Au cas où cette limite serait dépassée, l'excédent serait retenu sur la pension (2).

Pour l'application du présent article, seront considérées comme traitement les sommes allouées, sous quelque dénomination que ce soit, à raison de services rémunérés au mois ou à

---

(1) Limite portée à 10.000 francs (art. 76 de la loi du 31 juillet 1920, *B. O.*, page 2891).

(2) Toute nomination d'un pensionné de l'Etat à un emploi de l'Etat, des départements, des communes ou collectivités visées à l'article 37 doit être notifiée dans les quinze jours au Ministre des finances, par l'autorité qui l'a prononcée (art. 20 de la loi du 30 avril 1920).

l'année. Toutefois, il ne sera pas fait état de celles qui sont attribuées à titre de supplément colonial, ni de celles ayant le caractère d'un remboursement de dépenses.

Les traitements afférents à des fonctions rétribuées par des remises variables sont déterminés par décret.

Les dispositions restrictives du cumul ne sont pas applicables :

1° Aux membres de l'Institut et du Bureau des longitudes;

2° Aux membres de l'ordre national de la Légion d'honneur et aux médaillés militaires pour les traitements viagers qu'ils reçoivent en cette qualité;

3° Aux titulaires de pensions militaires proportionnelles ou de pensions militaires pour blessures ou infirmités équivalant à la perte de l'usage d'un membre.

En ce qui touche les pensionnés civils, la faculté de cumul prévue au premier alinéa emporte affranchissement des retenues, mais fait obstacle à l'acquisition de nouveaux droits à la retraite. La renonciation à cette faculté de cumul en vue de l'acquisition de nouveaux droits à pension devra être expresse et faite dans les huit jours de la notification aux intéressés de leur remise en activité.

Sont abrogées toutes les dispositions contraires à celles du présent article. Toutefois, les règles actuellement en vigueur continueront d'être observées, transitoirement, à l'égard de ceux des fonctionnaires en exercice lors de la promulgation de la présente loi qui auront, dans un délai de huit jours à compter de ladite promulgation, souscrit, à cet effet, une déclaration expresse.

Art. 38. Les indemnités allouées aux retraités militaires, à raison de l'exercice de fonctions militaires, sont cumulables avec la pension dans les limites fixées à l'article précédent, mais les services qu'elles rémunèrent ne peuvent, en aucun cas, ouvrir de nouveaux droits à la retraite.

Art. 39. A partir de la promulgation de la présente loi, les pensions des fonctionnaires des services civils de l'Indo-Chine encore placés sous le régime des lois des 18 avril 1831 et 5 août 1879, ainsi que les pensions des veuves ou orphelins de ces fonctionnaires seront, s'il y a lieu, l'objet d'une majoration destinée à les porter au même chiffre que si elles avaient été liquidées conformément au règlement de la caisse locale de retraites.

Art. 40. Le cumul de plusieurs pensions servies à leurs anciens agents par l'Etat, les départements, les colonies ou pays de protectorat, les communes ou établissements publics, est autorisé dans la limite de 10.000 francs. Au cas où cette limite serait dépassée, l'excédent sera retenu sur la pension servie par l'Etat.

Toutefois, le cumul est interdit pour les pensions acquises dans l'exercice d'un même emploi. A titre transitoire, cette disposition ne sera pas opposable aux préposés en chef d'octroi déjà retraités, ni à ceux en fonctions lors de la promulgation de la présente loi, qui ont acquis ou acquièrent actuellement des droits à pension sur d'autres fonds que ceux de l'Etat.

Les dispositions qui précèdent ne sont pas applicables aux pensions que des lois spéciales ont affranchies de prohibitions du cumul, ni aux pensions militaires pour blessures ou infirmités équivalant au moins à la perte de l'usage d'un membre.

L'article 11 de la loi du 5 août 1879 est abrogé. Les pensions qui avaient été suspendues en exécution de cette disposition seront remises en payement à partir de la première échéance trimestrielle qui suivra la promulgation de la présente loi.

Art. 41. L'article 10 (§§ 2 et 3) de la loi du 30 novembre 1875 (1) et le paragraphe de l'article unique de la loi du 26 décembre 1887 sont abrogés et remplacés par les dispositions suivantes (2) :

« Tout fonctionnaire qui réunit vingt ans de services à l'époque de l'acceptation du mandat de sénateur ou de député pourra, dès qu'il aura atteint sa cinquantième année, obtenir une pension exceptionnelle.

« Cette pension sera réglée, savoir :

« 1° Si l'intéressé était soumis aux dispositions de la loi du 9 juin 1853, conformément à l'article 12, paragraphe 3, de cette loi;

« 2° S'il était régi par la loi du 22 août 1790, à raison, pour chaque année de service, de un trentième de la pension qui lui aurait été acquise pour trente ans de service;

« 3° S'il était placé sous le régime des lois des 11 et 18 avril 1831, à raison pour chaque année de service effectif et de campagne de un trentième ou de un vingt-cinquième du minimum

---

(1) Loi organique sur l'élection des députés (*J. M.*, p. 691).
(2) Loi concernant les incompatibilités parlementaires (*B. O.*, p. 1122).

de la pension d'ancienneté afférente au grade dont il était titulaire au jour de l'acceptation de son mandat. Toutefois, si la durée totale des services, campagnes comprises, dépasse trente ou vingt-cinq ans, l'excédent sera liquidé sur le pied de un vingtième par an de la différence entre le maximum et le minimum.

« L'article 19 des lois des 11 et 18 avril 1831 n'est pas applicable à la pension concédée en vertu de l'alinéa précédent, sauf le droit pour la veuve de se prévaloir des dispositions de l'article 44 de la loi du 13 avril 1898. »

La présente loi, délibérée et adoptée par le Sénat et par la Chambre des députés, sera exécutée comme loi de l'Etat.

Fait à Paris, le 30 décembre 1913.

R. POINCARÉ.

Par le Président de la République :

Le Ministre des finances,

J. CAILLAUX.

Sont abrogés les articles 33 de la loi du 29 mars 1897, 27 de la loi du 30 mai 1899, 15 de la loi du 13 avril 1900, 37 de la loi du 25 février 1901, 42 et 45 de la loi du 30 mars 1902, 19 de la loi du 30 décembre 1903, 53 de la loi du 30 janvier 1907, 32 de la loi du 31 décembre 1907, 36 de la loi du 26 décembre 1908, 78 de la loi du 13 juillet 1911, en tant qu'ils modifient la nomenclature de la 2e section du tableau n° 3 ci-dessus visé.

Loi du 30 avril 1920 portant modifications à la législation des pensions civiles et militaires.

Art. 12. Les titulaires des pensions civiles, ayant servi au titre militaire pendant la guerre, peuvent cumuler leur pension avec la solde militaire, même mensuelle, afférente à leur grade dans les armées de terre ou de mer. Le cumul n'est autorisé, toutefois, que jusqu'à concurrence de 6.000 francs ou du dernier traitement d'activité dont les intéressés jouissaient lors de leur admission à la retraite comme fonctionnaires civils, si ce traitement est supérieur à 6.000 francs.

Les dispositions de l'alinéa précédent sont applicables aux fonctionnaires civils placés, pour la retraite, sous le régime de la loi du 18 avril 1831, qui servent au titre militaire avec un grade inférieur à celui sur la base duquel leur pension a été liquidée.

Pour les fonctionnaires en retraite actuellement sous les drapeaux, et pour ceux qui, ayant servi dans les armées de terre ou de mer depuis le 2 août 1914, seraient déjà rayés des contrôles, les effets du présent article remonteront au jour où se sont ouverts les droits à la solde.

Art. 15. La loi du 9 juin 1853 n'est point applicable aux militaires réformés pour blessures ou infirmités contractées au cours de la guerre actuelle, qui seraient admis dans les administrations de l'Etat après l'âge de 30 ans.

Des versements comprenant, d'une part les retenues de 5 p. 100 et du premier douzième, d'autre part, des subventions égales à la charge de l'Etat, sont effectuées au nom de ces agents par chaque administration intéressée à la Caisse nationale des retraites pour la vieillesse en vue de la constitution d'une rente viagère à l'âge de 60 ans dans les conditions prévues par les lois du 20 juillet 1886 et du 27 mars 1911.

Au moment de leur admission dans l'administration, les intéressés indiquent s'ils entendent effectuer leurs versements personnels à capital aliéné ou à capital réservé. Ils souscrivent et remettent en même temps une déclaration faisant connaître leur état civil. S'ils sont mariés, la moitié des retenues effectuées sur le traitement est versée à leur nom, l'autre moitié au nom de la femme. S'ils sont célibataires, veufs ou divorcés ils s'engagent à aviser l'administration en cas de mariage ultérieur, de léur changement d'état civil, le partage des versements n'ayant lieu qu'à dater de la notification du mariage à la Caisse nationale des retraites; il cesse, en outre, en cas de divorce ou de séparation de corps ou de biens.

Les versements de l'Etat sont toujours effectués à capital aliéné, au profit exclusif de l'agent. Les rentes provenant des sommes représentant cette part contributive sont incessibles et insaisissables. Ceux desdits agents qui, nommés antérieurement à la présente loi, auraient déjà été soumis à des retenues au titre de pension civile, pourront néanmoins, s'ils en font la demande, expresse, dans le délai de six mois, au Ministre dont ils relèvent, demeurer soumis aux dispositions de la loi du 9 juin 1853. A défaut par eux de produire cette demande ils seront affiliés d'office à la Caisse nationale des retraites dans les conditions ci-dessus fixées, avec effet du jour de leur entrée en fonctions.

Art. 16. Par dérogation au 1er alinéa de l'article 6 de la loi du 9 juin 1853, lorsque les six dernières années d'exercice d'un fonctionnaire à remises ou salaires variables comprendront une ou plusieurs années de la guerre, la moyenne d'émoluments, servant de base à la liquidation de la pension pourra, à la demande du fonctionnaire, être calculée sur les six dernières années autres que les années de guerre.

Dans les cas prévus par les paragraphes 1 et 2 de l'article 11 de la loi du 9 juin 1853, lorsque les services d'un agent à remises ou salaires auront pris fin au cours de l'une des années de guerre ou au cours de l'année qui suivra la cessation des hostilités, sa pension pourra, sur sa demande, par dérogation à la règle posée aux alinéas 1 et 2 de l'article 12 de la même loi, être liquidée sur les émoluments perçus pendant l'année 1913.

Les dispositions du présent article sont applicables même aux pensions déjà inscrites au grand-livre de la dette publique, à condition que les intéressés en fassent la demande dans le délai de six mois à dater de la promulgation de la présente loi.

Extrait de la loi de finances du 31 décembre 1920.

Art. 28. Le fonctionnaire admis à faire valoir ses droits à la retraite pour ancienneté, par application des paragraphes 1er et 2 de l'article 5 de la loi du 9 juin 1853, continue à exercer ses fonctions jusqu'à la délivrance de son brevet de pension, sauf en cas de demande contraire de sa part, de suppression de son emploi, ou de décision justifiée par des motifs tirés de l'intérêt du service. Cette décision devra être prononcée sur avis conforme d'une commission, dont un règlement d'administration publique fixera la composition, pour chaque administration, dans les trois mois de la présente loi. A partir de la date de cessation de son service, le fonctionnaire, mis à la retraite avant délivrance de son brevet, recevra, par les soins du département ministériel dont il relève, à titre d'avance sur pension, une allocation provisoire trimestrielle calculée sur les quatre cinquièmes de la somme à laquelle une liquidation sommaire établi en même temps que le décret décidant la mise à la retraite permettra d'évaluer sa pension.

Les fonctionnaires tenus de produire un certificat de non débet ne bénéficient pas des dispositions du paragraphe précédent en ce qui concerne le maintien en activité jusqu'à la remise du titre de pension, mais ils pourront obtenir des avances à partir de la date à laquelle le non-débet aura été constaté.

Le rappel des trimestres arriérés, échus lors de la promulgation de la présente loi, sera payé, à concurrence des quatre cinquièmes de la liquidation provisoire, dans le mois de cette promulgation.

Si la pension n'est pas liquidée définitivement dans les douze mois de la cessation des fonctions, le cinquième réservé sera payé au début du treizième mois et, à partir de ce moment, la totalité de la pension sera servie tous les trois mois sur les bases de la liquidation provisoire.

Notification d'un extrait d'une lettre du Ministre des finances et d'une circulaire relatives à l'application de l'article 28 de la loi du 31 décembre 1920 : « Avances sur pensions payables aux fonctionnaires admis à faire valoir leurs droits à la retraite. »

(Direction du Contrôle;
Bureau des Budgets et Dépenses engagées.)

Paris, le 1ᵉʳ février 1921.

Le Ministre des finances à M. le Ministre de la guerre.

J'ai l'honneur de vous remettre ci-joint copie des instructions qui vont être adressées aux trésoriers généraux en vue de l'application de l'article 28 de la loi du 31 décembre 1920.

Je vous serais obligé de vouloir bien, de votre côté, donner aux ordonnateurs qui relèvent de votre Département les directives nécessaires en ce qui les concerne.

Je crois devoir, en outre, appeler votre attention sur les points suivants :

Tout d'abord, l'article de la loi précité limite le bénéfice des avances qu'il institue aux seuls fonctionnaires admis à faire valoir leurs droits à la retraite pour ancienneté par application des paragraphes 1° et 2° de l'article 5 de la loi du 9 juin 1853; il n'y a donc pas lieu d'appliquer la nouvelle mesure aux autres catégories de pensionnés.

D'autre part, pour la détermination de la somme qui servira de base au calcul des avances, il convient de faire état de la pension liquidée suivant les tarifs actuellement en vigueur, c'est-à-dire compte tenu des majorations et compléments prévus par la loi du 25 mars 1920, à l'exclusion des allocations aux petits retraités.

. . . .

. . . .

Paris, le 1ᵉʳ février 1921.

Le Directeur de la comptabilité publique à MM. les Trésoriers-Payeurs généraux.

Aux termes de l'article 28 de la loi du 31 décembre 1920, les fonctionnaires admis à faire valoir leurs droits à la retraite pour ancienneté (art. 5, 1ᵉʳ et 2ᵉ paragraphes de la loi du 9 juin 1853) pourront, à partir de la cessation effective de leurs fonctions et jusqu'à ce qu'ils soient en possession de leur titre de pension, obtenir du département ministériel dont ils dépendaient lorsqu'ils étaient en activité des avances sur leur future pension fixées aux 4/5ᵉˢ du montant de cette dernière, telle qu'elle résultera d'une première liquidation sommaire à laquelle il sera procédé par les soins de l'administration intéressée.

Les fonctionnaires tenus de produire un certificat de non débet pourront bénéficier des dispositions ci-dessus à partir du moment où le non-débet aura été constaté.

Les avances en question seront payables trimestriellement sur la production de mandats dont le montant sera imputé sur les crédits spécialement ouverts à cet effet dans les budgets des différents ministères et au titre de l'exercice en cours à l'époque de l'échéance. Le premier de ces mandats sera appuyé :

1.° D'un extrait de la décision ministérielle qui aura prononcé la mise à la retraite du bénéficiaire;

2° D'une ampliation de la décision ministérielle portant liquidation provisoire de sa pension et indiquant : *a)* le chiffre auquel la pension provisoire aura été fixée; *b)* le montant annuel des avances représentant les 4/5ᵉˢ de ce chiffre; *c)* la date d'entrée en jouissance de la pension; *d)* la somme due pour le trimestre couru depuis la date d'entrée en jouissance; *e)* le département dans lequel la pension définitive sera assignée;

3° Un certificat de non-débet pour les fonctionnaires qui sont astreints à la production de cette pièce. Les mandats afférents aux trimestres suivants seront revêtus d'une mention de référence à ces justifications.

Le remboursement s'opérera en vertu d'un ordre de reversement délivré au titre d'un compte à ouvrir à la fin de la nomenclature des recettes d'ordre proprement dites, sous la rubrique : « *Remboursement par les pensionnés des avances qui leur ont été consenties par application de l'article 28 de la loi du 31 décembre 1920.* » Cet ordre de reversement devra porter à l'encre rouge une mention indiquant que, « conformément aux énonciations des mandats nᵒˢ....., délivrés les....., les sommes respectives de....., formant un total de....., sont à précompter sur les premiers arrérages de la pension civile nᵒ....., de francs....., assignée payable dans le département de..... [ou lorsqu'ultérieurement il s'agira de pensionnaires munis de livrets à coupons : « Payable à la caisse de..... (tel comptable)] ».

Le montant total des avances faites sera, en outre, mentionné sur le certificat de cessation de payement dont la production est exigée lors du payement des premiers arrérages de la pension.

Lorsque aucune avance n'aura été effectuée, le certificat devra en faire obligatoirement mention.

Dès la réception des titres de perception susvisés, les trésoriers généraux en prendront note sur leurs états d'arrérages en regard des noms des titulaires des pensions.

En cas de changement de résidence du pensionné postérieurement au payement d'une avance, la réassignation de la pension ne pourra être obtenue qu'après le règlement des premiers arrérages et le précompte intégral des avances.

Si la liquidation de la pension n'était pas intervenue un an après le point de départ des avances, celles-ci seraient calculées sur la base de la totalité du montant de la liquidation provisoire et l'intéressé aurait droit au rappel du cinquième qui ne lui avait pas été accordé la première année. Le mandat émis pour cet objet devra être accompagné d'un décompte et porter référence aux décisions antérieurement produites.

Par mesure transitoire, les fonctionnaires actuellement en instance de liquidation de pension pourront obtenir immédiatement un rappel d'avances pour les trimestres échus depuis la date de cessation de leurs fonctions. Au mandat émis à leur profit seront annexées les justifications prévues plus haut en ce qui concerne le payement des avances trimestrielles; toutefois, le décompte que présentera la décision portant liquidation provisoire de la pension sera établi bien entendu, non plus pour la durée d'un trimestre, mais pour la période comprenant les différents trimestres échus.

Il va de soi que la mesure transitoire ci-dessus n'est pas applicable aux fonctionnaires qui, en vertu de dispositions spéciales (circulaires des 30 septembre 1866, 12 janvier 1867, 21 octobre 1867, paragraphe 15, 26 juin 1902, paragraphe 3, 4 juin 1908, paragraphe 4, etc...), ont obtenu jusqu'à cette dernière date des payements par provision à valoir sur les arrérages de leurs pensions.

Je vous prie d'assurer, en ce qui vous concerne, l'exécution de ces dispositions.

TABLE CHRONOLOGIQUE

TABLE ALPHABÉTIQUE

A

M

P

R

S

CHARLES-LAVAUZELLE ET Cie. — PARIS, LIMOGES, NANCY.

Vol. 5 ter. Service du chauffage et de l'éclairage dans les corps de troupe à la mobilisation et en temps de guerre. (A jour au 15 avril 1922.) 80 pages. **1 50**

Dispositions générales. — Bases des allocations. — Matériel et approvisionnements. — Fonctionnement du service et régularisation des perceptions. — Éclairage des forts et ouvrages.

Vol. 6 bis. Service du harnachement et ferrage. Dispositions diverses. (Volume arrêté à la date du 1er janvier 1922.) 120 pages..................... **3 »**

Instruction sur la conservation et entretien du harnachement. — Harnachement des chevaux de la cavalerie. — Harnachement des chevaux de l'artillerie, du génie et des équipages militaires. — Harnachement des animaux de bât de l'artillerie et des équipages militaires. — Harnachement des animaux de bât du génie. — Service de la ferrure en temps de paix et approvisionnements en vue de la mobilisation.

Vol. 22 bis. Avancement dans l'armée. Tableaux d'avancement et de concours. (Mis à jour au 26 juin 1922.) Volume in-8° de 258 pages............... **4 »**

Armée active. Dispositions communes. Dispositions particulières à chaque arme et service. Légion d'honneur. Médaille militaire. Règles communes. Dispositions de détails. Réserve et territoriale même réglementation. Notes des officiers et relevés modèle E.

Vol. 38. Franchises et correspondance. (Mis à jour au 26 juin 1922.) 466 p. **6 »**

Dispositions générales. — Extrait du manuel des franchises postales. — Franchise aux armées en campagne. — Franchises télégraphiques. — Correspondances. — Avec les états-majors. — Avec les personnes résidant à l'étranger. — Correspondance commerciale des établissements.

Vol. 66¹. Pensions militaires. (Mis à jour au 29 mai 1922.) 436 pages...... **6 »**

Lois, ordonnances et décrets formant la réglementation du service des pensions militaires. — Décompte des services. — Cumul des pensions. — Payement d'avances. — Campagnes. — Décisions diverses accordant le bénéfice de campagne. — Instruction pour l'établissement des demandes et propositions de pensions d'ancienneté de services, proportionnelles, de veuves et d'orphelins.

Vol. 67. Personnel et matériel. (Mis à jour au 12 juin 1922.) 537 pages.... **7 50**

Organisation du service. — Comités. — Commissions. — Laboratoires. — Fabrication et vente des poudres. — Dynamite. — Personnel des ingénieurs, des agents et sous-agents techniques. — Recrutement, avancement, répartition, traitement. — Mémorial des poudres. — Adjudications et marchés. — Etats de prévision. — Prix de revient. — Dispositions diverses.

Vol. 69. Remonte générale à l'intérieur. (Mis à jour au 14 août 1922.) 322 p. **3 75**

Organisation des compagnies de remonte. — Etablissements hippiques. — Conseil d'administration. — Réforme des juments poulinières. — Mise en dépôt chez les éleveurs. — Contrats. — Primes d'encouragements. — Réforme. — Vente des chevaux réformés. — Achats. — Tournées d'achats. — Avances. — Comités d'achats. — Vices rédhibitoires. — Procédure. — Publicités. — Facilités. — Juments pleines. — Modèles.

Vol. 69 ter. Remonte des officiers. (Mis à jour au 31 juillet 1922.) 88 pages. **2 25**

Tableau indiquant le nombre de chevaux affectés aux officiers. — Commissions de remonte. — Demandes. — Autorisations. — Livraisons. — Cessions. — Echanges. — Remonte à titre temporaire. — Procès-verbaux. — Immatriculation. — Achat dans le commerce. — Prix de cession. — Versements à effectuer. — Réintégration. — Réforme. — Dispositions spéciales. — Annexes.

Vol. 91 bis. Service des subsistances militaires en temps de paix (Modèles). (Mis à jour au 1er mai 1922.) 338 pages................................... **4 50**

Etats. — Situations-rapports. — Carnets. — Comptes rendus. — Registres utilisés spécialement dans l'exécution du service des subsistances militaires pour les branches vivres, fourrages et chauffage. — Registres de mouture. — Etat des prix de revient. — Modèle de bail de location applicable aux services du génie et de l'artillerie.

Vol. 92. Notices concernant l'exécution des différentes branches de ce service :
Tome 1er, comprenant les notices nos 1 à 9 inclus. (Mis à jour au 26 juin 1922.) 728 pages... **11 25**

Etablissements. — Moteurs employés dans les établissements. — Moulins et moutures. — Fours permanents. — Blés. — Farines. — Fabrication du pain ordinaire et fabrication du pain biscuité. — Fabrication du biscuit de troupe. — Fabrication du pain de guerre.

BIBLIOTHEQUE NATIONALE DE FRANCE

3 7502 018456709